高等职业教育创新型系列教材

小微企业创业实战

（活页式教材）

主　编　马　娅　印　玥　郝　杰
副主编　于　莉　任　磊　刘延平　张　镜
主　审　张剑渝

北京理工大学出版社
BEIJING INSTITUTE OF TECHNOLOGY PRESS

内 容 提 要

本书紧紧围绕党中央、国务院关于做好大学生创新创业工作的重要决策部署，对接《国务院办公厅关于深化高等学校创新创业教育改革的实施意见》的要求，结合小微企业创业过程中遇到的众多问题及解决方案，包括创业特质、资源整合、项目评估、项目筹备、产品设计、团队组织、营销突围、财务分析等，基于诸多大学生小微企业创业的真实案例，从其经历中提炼具有普及价值的指导理论和创业实操方法，以项目为纽带、任务为载体、工作过程为导向，科学组织教材内容，进行教材内容模块化处理，注重课程之间的相互融通及理论与实践的有机衔接，开发工作页式的工单，形成了多元多维、全时全程的评价体系，并基于互联网、融合现代信息技术，配套开发了丰富的数字化资源，编写成了该活页式教材。

本书从创办小微企业入手，设计了"课程导入""创业谋划篇""创业起步篇""经营实战篇"4大模块。主要内容包括创业条件分析、创业项目论证、项目筹备、项目资源配置、产品与服务策划、营销差异化突围、员工培育、财务分析等。

本书以工作页式的工单为载体，强化项目导学、自主探学、合作研学、展示赏学、检测评学，在课程革命、学生地位革命、教师角色革命、课堂革命、评价革命等方面全面改革。

本书可供高等院校学生学习创新创业课程使用，也可供对小微企业创业项目感兴趣的各行各业人员参考学习。

版权专有　侵权必究

图书在版编目（CIP）数据

小微企业创业实战 / 马娅，印玥，郝杰主编. -- 北京：北京理工大学出版社，2023.2
ISBN 978-7-5763-2109-8

Ⅰ. ①小… Ⅱ. ①马… ②印… ③郝… Ⅲ. ①中小企业-创业 Ⅳ. ①F276.3

中国国家版本馆 CIP 数据核字（2023）第 024595 号

出版发行 / 北京理工大学出版社有限责任公司	
社　　址 / 北京市海淀区中关村南大街 5 号	
邮　　编 / 100081	
电　　话 / (010) 68914775（总编室）	
(010) 82562903（教材售后服务热线）	
(010) 68944723（其他图书服务热线）	
网　　址 / http：//www.bitpress.com.cn	
经　　销 / 全国各地新华书店	
印　　刷 / 河北盛世彩捷印刷有限公司	
开　　本 / 787 毫米×1092 毫米　1/16	
印　　张 / 16.5	责任编辑 / 孟祥雪
字　　数 / 437 千字	文案编辑 / 孟祥雪
版　　次 / 2023 年 2 月第 1 版　2023 年 2 月第 1 次印刷	责任校对 / 周瑞红
定　　价 / 55.00 元	责任印制 / 施胜娟

图书出现印装质量问题，请拨打售后服务热线，本社负责调换

前　言

"小微企业创业实战"课程是高职高专财经商贸类大学生创新创业教育的基础课程。为建设好该课程，编者认真研究党中央、国务院关于做好大学生创新创业工作的重要决策部署，对接《国务院办公厅关于深化高等学校创新创业教育改革的实施意见》的要求，开展广泛调研，结合小微企业创业过程中遇到的众多问题及解决方案，包括创业特质、资源整合、项目评估、项目筹备、产品设计、团队组织、营销突围、财务分析等，基于诸多大学生小微企业创业的真实案例，组建了校企合作的结构化课程开发团队，从其经历中提炼具有普及价值的指导理论和创业实操方法，以项目为纽带、任务为载体、工作过程为导向，科学组织教材内容，进行教材内容模块化处理，注重课程之间的相互融通及理论与实践的有机衔接，开发工作页式的工单，形成了多元多维、全时全程的评价体系，并基于互联网，融合现代信息技术，配套开发了丰富的数字化资源，编写成了该活页式教材。

本书以工作页式的工单为载体，强化项目导学、自主探学、合作研学、展示赏学、检测评学，在课程革命、学生地位革命、教师角色革命、课堂革命、评价革命等方面全面改革，尤其强化更符合本土以及小微企业创业的问题解决方案，更具指导性和实战意义。

本书实施"校企双元"制，由四川国际标榜职业学院副教授马娅、企业导师百盛餐饮印玥、教师郝杰主编，于莉、任磊、刘延平、张镜担任副主编，西南财经大学张剑渝教授担任主审。此外，特别鸣谢百胜餐饮（成都）有限公司印玥、李科两位经理对本书撰写的指导和大力支持。

因该书涉及内容广泛，编者水平有限，难免出现错误和处理不妥之处，敬请读者批评指正。

编　者

目 录

模块一　课程导入

任务一　课程性质及定位理解 ··· 1
任务二　前后课程的衔接和融通分析 ··· 8

模块二　创业谋划篇

项目一　创业条件分析 ··· 15
　任务一　创业特质识别 ··· 15
　任务二　资源整合与方向拟定 ··· 26
项目二　创业项目论证 ··· 35
　任务一　市场调查 ·· 35
　任务二　项目评估 ·· 44
　任务三　项目定位与确定 ·· 52

模块三　创业起步篇

项目一　项目筹备 ··· 61
　任务一　商圈与选址分析 ·· 61
　任务二　工商登记注册 ··· 72
　任务三　VI视觉设计 ·· 80
项目二　项目资源配置 ·· 91
　任务一　组织结构搭建 ··· 91
　任务二　设备采购 ··· 102
　任务三　供应链梳理 ·· 112

模块四　经营实战篇

项目一　产品与服务策划 ··· 123
　任务一　产品组合设计 ··· 123
　任务二　服务体系构建 ··· 132

项目二　营销差异化突围 ……………………………………………………………… 141
任务一　爆款打造 …………………………………………………………………… 141
任务二　视觉传播 …………………………………………………………………… 151
任务三　活动引流 …………………………………………………………………… 160
任务四　社群建设 …………………………………………………………………… 170
任务五　复购策略设计 ……………………………………………………………… 179
任务六　客情维护 …………………………………………………………………… 187

项目三　员工培育 …………………………………………………………………… 195
任务一　员工培训 …………………………………………………………………… 195
任务二　员工行为规范 ……………………………………………………………… 206
任务三　员工考核 …………………………………………………………………… 221

项目四　财务分析 …………………………………………………………………… 231
任务一　成本核算 …………………………………………………………………… 231
任务二　收益结构分析 ……………………………………………………………… 240
任务三　盈利分析 …………………………………………………………………… 248

模块一　课程导入

任务一　课程性质及定位理解

1.1.1 任务描述

结合图1.1.1所示的小微企业创业实战各环节展示，描述小微企业创业的筹备环节内容及小微企业经营实战应该具备的知识和技能。

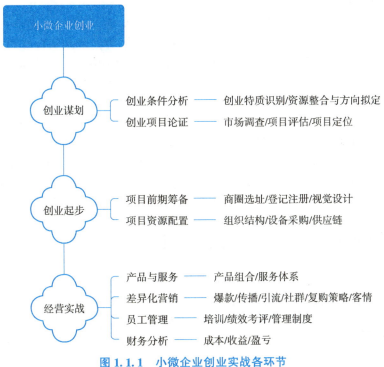

图1.1.1　小微企业创业实战各环节

1.1.2 学习目标

1. 知识目标

（1）掌握课程的性质。
（2）掌握课程在人才培养中的定位。

2. 能力目标

（1）能理解小微企业创业的基本情况。

（2）能理解本课程在专业人才培养中的定位。

3. 素质素养目标

（1）培养创新创业精神。

（2）培养勤于思考、分析问题的意识。

（3）培养语言表达和沟通能力。

1.1.3 重难点

1. 重点

课程性质认知。

2. 难点

本课程在人才培养中的定位。

1.1.4 相关知识链接

1. 小微企业发展概况

小微企业是一个企业规模形态的概念，是一个相对于大型企业和中型企业来说生产、经营规模较小的企业，是一个相对概念。世界各国对小微企业的界定均是从自身的实际情况出发，并没有一个统一的标准，即便在同一国家，在不同时期、行业和区域内，界定标准也不尽相同。从目前国际上的主流做法来看，一般是以雇员人数、营业额、资产总额、资本总额中的一项或几项指标来确认小微企业。

首先，小微企业普遍具有以下特征：第一，数量众多，分布广泛。根据有关数据统计，小微企业数量众多，目前我国有5 000多万家中型、小型和微型企业，占企业总数的99%，其中绝大多数是小微企业。在城市、乡镇、农村等广大区域随处可见小微企业的身影，分布广泛。第二，自有资金少，资产规模较小，抗风险能力弱，生命周期短，经营比较单一，市场淘汰率高，经营风险较高。第三，符合担保要求的抵质押品少，客户一般与银行没有过贷款关系。第四，多为家族式经营与管理，公司治理不完善，管理相对不正规，缺乏长远的规划。第五，信息不对称，一般缺少正规的财务记录，绝大部分报表未经过外部审计，会计信息严重失真。第六，多集中在小型加工制造、零售贸易、餐饮服务等传统行业，经营状况差异比较大。

其次，小微企业的行业分布。小微企业主要集中在批发零售、生产加工、服务类、建筑、运输这几类上，尤其是批发零售、生产加工、服务类客户占据了小微企业总数的70%左右。批发零售业常见的有服装、超市、小百货、果蔬、家具家电、五金、建材、电子产品等；生产加工类主要包括服装、农产品、食品、五金、小家电以及配套性加工业等；服务类主要包括餐饮、旅店、洗衣店、娱乐、美容美发等；运输类主要包括小型物流、货运、客运、快递等，这些行业与老百姓的"衣、食、住、行"密切相关。

再次，小微企业的重要作用。无论是发达国家还是发展中国家，小微企业都是经济发展和社会稳定的重要支柱，都是一国经济中最为活跃的因素，在促进经济发展、解决就业、维护市场活力、推动科技创新等方面都发挥了重要作用，小微企业作为单个个体，相对于大中型企业而言，在人力、物力、财力等方面存在明显不足，在市场竞争中处于弱势地位，但小微企业作为一个整体，在国民经济中却占有着重要地位，是各国经济发展中不可或缺的重要组成部分。在我国，改革开放以来，以小微企业为主体的非公有制经济获得了快速发展，小微企业日益成为我国市场经济中最活跃的主体，它们数量众多，业态多样，在就业、富民中发挥着无可替代的作用，既是经济增长的推进器，也是社会稳定的有利保障，并且日益成为技术创新的主力军，也是促进中国农村城镇化进程的助推器，是我国经济发展中不可或缺的重要组成部分。在我国，中小企业（含微型企业）占全国企业数量的99%，大约贡献了50%的税收，创造了60%的国民生产总值，解决了80%的就业，是推动经济发展的重要力量。部分小微企业在发展过程中逐渐做大、做强，是企业家的摇篮，有利于增进社会公平、促进人才有序流动。

2. 课程性质与定位

"小微企业创业实战"课程是高职院校大学生创新创业教育的基础课程，其培养目标是紧紧围绕党中央、国务院关于做好大学生创新创业工作的重要决策部署，对接《国务院办公厅关于深化高等学校创新创业教育改革的实施意见》的要求，结合小微企业创业过程中遇到的众多问题，基于诸多本校学生小微企业创业的真实案例，从其经历中提炼具有普及价值的指导理论和创业各环节实操方法，以过程为导向、项目为纽带、任务为载体，全面落实"学中做、做中学"，使教师的教、学生的学与创业者的做统一，实现教学过程、学习过程、创业过程一体化。

深化高等学校创新创业教育的重要意义

"小微企业创业实战"课程从创办小微企业入手，提取典型创业流程，将创业环节项目化、创业内容任务化，整合"课程导入""创业谋划篇""创业起步篇""经营实战篇"4大模块，其中涵盖8个项目、27个任务；主要讲授内容包括创业条件分析、创业项目论证、项目筹备、项目资源配置、产品与服务策划、营销差异化突围、员工培育、财务分析等，以全面教授创业知识、锻炼创业能力、培养创新创业精神。

1.1.5 素质素养养成

在小微企业的创新创业过程中，同学们要以习近平新时代中国特色社会主义思想为引领，主动适应经济社会和人民生活发展需要，为人民美好生活创造价值；要始终以我国相关经济法律法规为准绳；树立正确的产品观、创业观，培养较高的创业品格和精神。

1.1.6 任务分组

学生任务分组表如表1.1.1所示。

表 1.1.1　学生任务分组表

班级		组号		指导教师	
组长		学号			
组员	姓名	学号		姓名	学号
任务分工					

1.1.7 自主探究

任务工作单 1

组号：_____ 姓名：_____ 学号：_____ 检索号：117-1

引导问题：

（1）谈谈你对创新创业的认识及意义。

_____

_____

（2）简述小微企业在我国市场经济活动中的地位和作用。

_____

_____

任务工作单 2

组号：_____ 姓名：_____ 学号：_____ 检索号：117-2

引导问题：

（1）结合图 1.1.1，描述筹备小微企业创业的主要环节。

_____

_____

（2）结合图 1.1.1，谈谈小微企业创业者应该具备哪些方面的知识或技能。

_____

_____

1.1.8 合作研学

任务工作单 1

组号：_____ 姓名：_____ 学号：_____ 检索号：118-1

引导问题：

（1）小组交流讨论，教师参与，确定任务单 117-1、117-2 的最优答案。

_____

_____

（2）记录自己存在的不足。

_____

_____

1.1.9 展示赏学

任务工作单 1

组号：_____ 姓名：_____ 学号：_____ 检索号：119-1

引导问题：

（1）每组推荐一个小组长，进行汇报。借鉴每组经验，进一步优化答案。

_____

（2）检讨存在的不足。

1.1.10 评价反馈

任务工作单 1

组号：_____ **姓名：**_____ **学号：**_____ **检索号：** 1110-1

个人自评表

班级		组名		日期	年 月 日
评价指标	评价内容			分数	分数评定
信息收集能力	能有效利用网络、图书资源查找有用的相关信息等；能将查到的信息有效地传递到学习中			10分	
感知课堂生活	是否熟悉小微企业创业实战的各个环节，认同创新创业的价值；在学习中是否能获得满足感			10分	
参与态度，沟通能力	积极主动与教师、同学交流，相互尊重、理解、平等；与教师、同学之间是否能够保持多向、丰富、适宜的信息交流			10分	
	能处理好合作学习和独立思考的关系，做到有效学习；能提出有意义的问题或能发表个人见解			10分	
知识获得	1. 能认识大学生创新创业的意义			10分	
	2. 能理解小微企业在国民经济、社会发展中的重要地位			10分	
	3. 能总结小微企业创业实战的各个环节及内容			10分	
	4. 能提炼小微企业创业所需的知识、素质和技能			10分	
辩证思维能力	是否能发现问题、提出问题、分析问题、解决问题、创新问题			10分	
自评反馈	按时按质完成任务；较好地掌握了知识点；具有较强的信息分析能力和理解能力；具有较为全面严谨的思维能力并能条理清楚明晰表达成文			10分	
自评分数					
有益的经验和做法					
总结反馈建议					

小微企业创业实战

任务工作单 2

组号：_____ 姓名：_____ 学号：_____ 检索号：1110-2

小组内互评验收表

验收组长		组名		日期	年　月　日
组内验收成员					
任务要求	认识大学生创新创业的意义；理解小微企业的重要地位；总结小微企业创业实战的各个环节及内容；提炼小微企业创业所需的知识、素质和技能				
验收文档清单	被验收者 117-1 工作任务单 被验收者 117-2 工作任务单				
	文献检索清单				
验收评分		评分标准		分数	得分
		能简述大学生创新创业的意义，不恰当一处扣 5 分		20 分	
		能说出该小微企业的重要地位，错误一处扣 5 分		20 分	
		能总结小微企业创业实战的各个环节及内容，过多或不足一处扣 5 分		25 分	
		能提炼小微企业创业所需的知识、素质和技能，错误一处扣 2 分		20 分	
		提供文献检索清单，少于 3 项，缺一项扣 5 分		15 分	
	评价分数				
不足之处					

任务工作单 3

被评组号：_____ 检索号：1110-3

小组间互评表

班级		评价小组		日期	年　月　日
评价指标		评价内容		分数	分数评定
汇报表述		表述准确		15 分	
		语言流畅		10 分	
		准确概括任务完成情况		15 分	
内容正确度		小微企业创业实战的各个环节总结到位		30 分	
		小微企业创业所需知识、素质和技能描述有理有据		30 分	
	互评分数				
简要评述					

任务工作单 4

组号：_____ 姓名：_____ 学号：_____ 检索号：__1110-4__

任务完成情况评价表

任务名称	课程性质与定位理解			总得分	
评价依据	学生完成的 117-1、117-2 任务工作单，完成的 118-1、119-1 任务工作单				
序号	任务内容及要求		配分	评分标准	教师评价	
					结论	得分

序号	任务内容及要求		配分	评分标准	结论	得分
1	能简述大学生创新创业的意义	（1）描述正确	10 分	缺一个要点扣 1 分		
		（2）语言表达流畅	10 分	酌情赋分		
2	理解该课程中小微企业大学生创新创业的重要支撑	（1）描述正确	10 分	缺一个要点扣 1 分		
		（2）语言流畅	10 分	酌情赋分		
3	能总结小微企业创业实战的各个环节及内容	（1）思路正确	10 分	缺一个要点扣 2 分		
		（2）内容完整	10 分	酌情赋分		
4	提炼小微企业创业所需的知识、素质和技能	（1）描述正确	10 分	缺一个要点扣 2 分		
		（2）语言流畅	10 分	酌情赋分		
5	至少包含 3 份文献的检索文献目录清单	（1）数量	5 分	每少一个扣 2 分		
		（2）参考的主要内容要点	5 分	酌情赋分		
6	素质素养评价	（1）沟通交流能力 （2）团队合作 （3）课堂纪律 （4）合作探学 （5）自主研学 （6）培养创新创业精神 （7）培养勤于思考、分析问题的意识 （8）培养语言表达和沟通能力	10 分	酌情赋分，但违反课堂纪律，不听从组长、教师安排不得分		

任务二　前后课程的衔接和融通分析

1.2.1 任务描述

理解该课程与已学习的前序课程、平行课程的知识、能力的衔接与融通关系，对后续课程的支撑与融通关系。

1.2.2 学习目标

1. 知识目标
（1）掌握该课程与前序课程的衔接与融通关系。
（2）掌握该课程与平行课程的衔接与融通关系。

2. 能力目标
（1）能理解该课程与其他课程的衔接与融通关系。
（2）能理解该课程对后续课程的支撑作用。

3. 素养素质目标
（1）培养辩证分析能力。
（2）培养逻辑思维能力。

1.2.3 重难点

1. 重点
本课程与其他课程的衔接与融通关系。

2. 难点
本课程对后续课程的支撑作用。

1.2.4 相关知识链接

1. 本课程与其他课程的衔接融通

本课程是高职院校财经商贸类专业学生创新创业教育的基础课程。该课程与其他各课程之间衔接紧密，是学生在涉猎过"市场调查""管理学""人力资源管理""市场营销学""财务管理"等相关课程基础知识的基础上，进行创业应用的一门课程，是培养学生创新创业知识、能力和素质的拓展课程。

例如：

"市场调查"课程中，讲到了市场调查的主要内容、原理和方法，这些内容与"小微企业创业实战"课程有一定的关联性，"小微企业创业实战"的主要内容之一就是通过科学的市场调查方法，选定合适、有市场潜力的小微企业创业项目，因此该课程的知识点掌握得好与坏，直接影响到"小微企业创业实战"课程的学习。

"管理学"课程中，了解管理过程的综合性和灵活应用性的本质；熟悉管理学所涉及的基本概念知识及其活动基本规律；牢固树立管理的五大职能意识，熟练掌握计划、组织、领导、控

与本课程内容对应的其他融通课程

制的基本原理；初步掌握管理创新的基本方法，学生能够具有综合应用知识分析并解决问题的能力，具备较强计划、组织、沟通等的能力，直接可以运用到小微企业管理过程中。

"市场营销学"课程中，通过课堂进行市场营销活动各个环节的剖析，让学生认识市场营销、熟悉营销活动，了解商业环境，能够理解企业营销战略，并能运用市场营销组合工具来进行简单策划并执行，据此形成市场营销意识，提升学生对市场营销的认知能力、理解能力和沟通能力，这与小微企业实战中的产品策划、营销突围直接相关。

"小微企业创业实战"课程就是要把前面各主要课程的知识点进行综合应用，解决小微企业在创业实战经营过程中各个环节的问题，以提高大学生特别是财经商贸类专业学生的创新创业和企业经营管理能力。"小微企业创业实战"课程学完后，根据专业人才培养总体要求，下接"大学生职业生涯规划"课程，以期学生将丰富的企业经营理论知识转化成创新精神、创业意识和创新创业能力的实质提升，并能将创新创业作为职业规划的选择之一。

由于该课程对理论与实践要求都很高，因此必须强化理论与实践的有机结合，要充分利用行业、企业优势，大力推行"校企合作、工学结合"的教学模式，做到理论与实践并重，强化应用能力的培养。

2. 本课程主要的教学方法

其一，采取任务驱动的教学模式。

其二，完善实践教学资源，开发多种教学手段。

其三，引入创业项目典型案例，理论联系实际开展教学。

其四，充分利用工作页式的任务工单，推进教师角色转换革命，调动学生的积极性；改进课堂生活环境，推动学生自主学习、合作探究式学习。

1.2.5 素质素养养成

其一，引导学生充分了解该课程的重要性；重视该课程，端正学习态度；培养自主学习的能动性、积极合作探究的精神。

其二，要善于收集信息，并对信息进行辩证的分析和处理，拓展相关知识面。

其三，理论结合实际，要深入校内外企业实践实训基地，全面了解小微企业创业及经营过程。

1.2.6 任务分组

学生任务分组表如表 1.1.2 所示。

表 1.1.2　学生任务分组表

班级		组号		指导教师	
组长		学号			
组员	姓名	学号		姓名	学号

续表

任务分工	

1.2.7 自主探究

任务工作单 1

组号：_____ 姓名：_____ 学号：_____ 检索号：　127-1　

引导问题：

（1）前置相关课程有哪些？分别阐述与该课程的衔接与融通关系。

_____

_____

（2）你了解的有哪些相关的平行课程？它们与该课程的关联性是什么？

_____

_____

（3）你是否了解该课程相关的后续课程？对后续课程有哪些支撑作用？

_____

_____

1.2.8 合作研学

任务工作单 1

组号：_____ 姓名：_____ 学号：_____ 检索号：　128-1　

引导问题：

（1）小组交流讨论、教师参与，确定任务工单 127-1 的修订答案。

_____

_____

（2）记录自己存在的不足。

_____

_____

1.2.9 展示赏学

任务工作单 1

组号：_____ 姓名：_____ 学号：_____ 检索号：　129-1　

引导问题：

（1）每组推荐一个小组长，进行汇报。根据汇报情况，修正自己的不足。

_____

_____

（2）检讨存在的不足。

1.2.10 评价反馈

任务工作单 1

组号：_____ 姓名：_____ 学号：_____ 检索号：__1210-1__

自我评价表

班级		组名		日期	年 月 日
评价指标	评价内容			分数	分数评定
信息收集能力	能有效利用网络、图书资源查找有用的相关信息等；能将查到的信息有效地传递到学习中			10 分	
感知课堂生活	是否能在学习中获得满足感以及课堂生活的认同感			10 分	
参与态度，沟通能力	能积极主动与教师、同学交流，相互尊重、理解、平等；与教师、同学之间是否能够保持多向、丰富、适宜的信息交流			10 分	
	能处理好合作学习和独立思考的关系，做到有效学习；能提出有意义的问题或能发表个人见解			10 分	
知识、能力获得	前置课程名称			20 分	
	平行课程名称				
	后续课程名称				
	与前序课程衔接的知识点			20 分	
	与平行课程衔接的知识点				
	支撑后续课程的知识点				
辩证思维能力	是否能发现问题、提出问题、分析问题、解决问题、创新问题			10 分	
自我反馈	按时保质完成任务；较好地掌握了知识点；具有较为全面严谨的思维能力并能条理清楚明晰表达成文			10 分	
自评分数					
总结提炼					

小微企业创业实战

任务工作单 2

被评组号：_____ 姓名：_____ 学号：_____ 检索号：__1210-2__

小组内互评验收表

验收组长		组名		日期	年 月 日
组内验收成员					
任务要求	该课程关联紧密的前序课程；该课程与前序课程的衔接与融通关系；该课程与平行课程的关系；该课程与后续课程的衔接与融通关系；任务完成过程中，至少包含5份文献的检索文献目录清单					
验收文档清单	被评价人完成的127-1任务工作单				
	文献检索清单				
验收评分	评分标准				分数	得分
	能正确表述与该课程关联紧密的前序课程，缺一处扣1分				20分	
	描述该课程与前序课程的衔接与融通关系，缺一处扣1分				20分	
	描述课程与平行课程的关系，缺一处扣1分				20分	
	描述该课程与后续课程的衔接与融通关系，缺一处扣1分				20分	
	文献检索目录清单，至少5份，少一份扣5分				20分	
	评价分数					
总体效果定性评价					

任务工作单 3

被评组号：_____ 检索号：__1210-3__

小组间互评表（听取各小组长汇报，同学打分）

班级		评价小组		日期	年 月 日
评价指标	评价内容			分数	分数评定
汇报表述	表述准确			15分	
	语言流畅			10分	
	准确反映该组完成任务情况			15分	
内容正确度	所表述的内容正确			30分	
	阐述表达到位			30分	
	互评分数					

任务工作单 4

组号：_____ 姓名：_____ 学号：_____ 检索号：__1210-4__

任务完成情况评价表

任务名称	前后课程的衔接和融通分析			总得分	
评价依据	学生完成任务后工作单				
序号	任务内容及要求		配分	评分标准	教师评价	
					结论	得分
1	阐述与该课程关联紧密的前序课程	（1）描述正确	10分	缺一个要点扣1分		
		（2）语言表达流畅	10分	酌情赋分		
2	该课程与前序课程的衔接与融通关系	（1）描述正确	10分	缺一个要点扣1分		
		（2）语言流畅	10分	酌情赋分		
3	该课程与平行课程的关系	（1）描述正确	10分	缺一个要点扣2分		
		（2）语言流畅	10分	酌情赋分		
4	该课程与后续课程的衔接与融通关系	（1）描述正确	10分	缺一个要点扣2分		
		（2）语言流畅	10分	酌情赋分		
5	至少包含5份文献的检索文献目录清单	（1）数量	5分	每少一个扣2分		
		（2）参考的主要内容要点	5分	酌情赋分		
6	素质素养评价	（1）沟通交流能力	10分	酌情赋分，但违反课堂纪律，不听从组长、教师安排不得分		
		（2）团队合作				
		（3）课堂纪律				
		（4）合作探学				
		（5）自主研学				

模块二　创业谋划篇

>> 项目一

创业条件分析

任务一　创业特质识别

2.1.1.1 任务描述

分小组讨论，进行创业特质识别，对个人是否具备表 2.1.1 所示创业特质进行评估，填写创业特质评估表。创业特质识别表如表 2.1.1 所示。

表 2.1.1　创业特质识别表

创业特质	具体内容
创业必备知识	管理知识、专业知识、财务知识、法律知识、金融知识、营销知识
创业精神培养	奋斗精神、执着精神、合作精神、创新精神、奉献精神
创业心态准备	积极乐观、谦虚谨慎、感恩包容、专心专注、自省自信、充满激情

2.1.1.2 学习目标

1. 知识目标
（1）理解创业特质对创业者的重要意义。
（2）掌握成功创业者须具备的主要特质。

2. 能力目标
（1）能参照创业者的主要特质进行自我识别。
（2）能针对创业者所需特质，总结个人特质的优势及不足。

3. 素质素养目标
（1）培养实事求是的精神。

（2）培养自省自信及自我认识的品性。
（3）培养语言表达和沟通的能力。
（4）培养全局观及全方位、多角度分析问题的意识。

2.1.1.3 重难点

1. 重点
创业者特质认识与识别。

2. 难点
参照创业者特质要求，准确评估自我创业特质或水平。

2.1.1.4 相关知识链接

1. 创业特质对创业者的重要意义

创业一直以来都是勇敢者的行为。关于创业者特质的研究，现代意义上企业家的出现，与生产力和商品经济的巨大发展以及股份公司的形成有着密切联系。较透彻地认识企业家的职能和作用的是哈佛大学教授、美籍奥地利经济学家熊彼特。他在其1912年出版的《经济发展理论》和1950年出版的《资本主义、社会主义和民主主义》等著作中，不仅将企业家提高到"工业社会的英雄""伟大的创新者"的高度，而且还强调企业家的职能是"创造性破坏""企业是实现新的生产要素组合的经营单位，而企业家是实现生产要素组合的人"。这种组合并不是对原有组合方式的简单重复，而是一种创新。通过这种重新组合，建立新的企业生产函数，从而导致社会经济的连续变化，推动社会经济的发展。

个人特质识别与培养在大学生创业中的作用

中国有句古话叫三省吾身，也就是在说注重自我评价对自己的认识作用。有些人能够苟日新，日日新，又日新，但也有些人沉沦于丝竹之中，不求上进。最后有人成功了，而有人却一败涂地，这就是自我识别的作用。很显然，一个正确的自我特质识别与评估，对于创业者的发展具有重要的积极意义。创业者进行创业特质识别的意义在于认清自己，时刻提醒自己。因为正确的自我评价能够清醒地看到创业者在创业过程中的优点和不足，从而扬长避短，充分发挥自己的优势，获得更多的资源。而一个错误的偏激的自我识别与评估则会对自己的发展有着阻碍作用，会导致自闭或者自大，从而导致自己的处事方法偏激或过于保守，因此可见做一个科学靠谱的自我特质识别与评价，对于创业者的发展是至关重要的。

2. 成功创业者的主要特质

1）创业必备知识

专业知识：所谓"隔行如隔山"，专业知识是创业之本，它对于创业者确定创业目标具有直接的、至关重要的作用。

管理知识：创业者要管理一个企业，必须具备经营管理知识。这些知识包括目标管理、业务管理、员工管理、客户管理和危机管理等。

财务知识：对于创业者来说，三大财务报表是必须懂的："现金流量表""损益表""资产负债表"。

法律知识：了解法律知识特别是经济方面的知识，如《公司法》《合同法》《合伙企业法》《企业法人登记管理条例》《税法》等。

金融知识：主要表现为如何对可利用的生产资源进行运作和管理，从而实现利润最大化的目标。

营销知识：丰富的市场营销知识是经营活动展开的基础，只有具备了市场营销知识，才能快速拓展市场。

2）创业精神培养

奋斗精神：创业是一个漫长、艰苦的过程，唯有实干才能收获成功。

执着精神：一条道走到黑的执着精神是创业成功的有力保障。

合作精神：小富靠个人，大富靠团队。合作是创业者精神的精华。

创新精神：唯有不断创新，乐于改进，才能与时俱进，不会被市场淘汰。

奉献精神：创业者必须承担社会责任并且拥有一种甘于奉献的精神。

3）创业心态准备

积极乐观：以"每一次挑战都是一次机会"为座右铭。经得起环境的考验，无论是顺境或是逆境，都能微笑着接受并勇敢面对。

谦虚谨慎：以开放的心态学习周围的人和事。

感恩包容：能够与人精诚合作，能够与他人共赢和分享。

专心专注：心无旁骛，不瞻前顾后，也不朝令夕改。

自省自信：不断否定自己和肯定自己，相信自己和鼓励自己。

充满激情：能够时刻充满斗志，以饱满的热情投入到创业中。

2.1.1.5 素质素养养成

在进行创业特质识别的过程中，同学们要结合自身性格、特长、优势和不足，对照创业者所需的基本特质进行比较评估，深刻认识自己的长处，意识到不足，查漏补缺，为养成健全、良好的创业者特质而努力。

2.1.1.6 任务分组

学生任务分组表如表 2.1.2 所示。

表 2.1.2　学生任务分组表

班级		组号		指导教师	
组长		学号			
组员	姓名	学号		姓名	学号
任务分工					

2.1.1.7 自主探究

任务工作单1

组号：＿＿＿＿＿＿　姓名：＿＿＿＿＿＿　学号：＿＿＿＿＿＿　检索号：　2117-1

引导问题：

（1）谈谈创业特质对创业者的重要意义。

＿＿＿＿＿＿＿＿＿＿＿＿＿＿＿＿＿＿＿＿＿＿＿＿＿＿＿＿＿＿＿＿＿＿＿＿＿＿＿

＿＿＿＿＿＿＿＿＿＿＿＿＿＿＿＿＿＿＿＿＿＿＿＿＿＿＿＿＿＿＿＿＿＿＿＿＿＿＿

（2）简述你认为创业者需要具备哪些特质。

＿＿＿＿＿＿＿＿＿＿＿＿＿＿＿＿＿＿＿＿＿＿＿＿＿＿＿＿＿＿＿＿＿＿＿＿＿＿＿

＿＿＿＿＿＿＿＿＿＿＿＿＿＿＿＿＿＿＿＿＿＿＿＿＿＿＿＿＿＿＿＿＿＿＿＿＿＿＿

项目视野：采食屋

采食屋基于互联网+大环境下，打造立足社区情景O2O模式的生鲜及衍生产品连锁门店，其以新鲜蔬果为主体，根据所在社区客群特点和场地条件提供特色农产品和衍生食/饮品。

经过3年试运行，该项目现阶段已经形成居民社区模式、校园社区模式、办公社区模式共计三个样板店，如图2.1.1所示。

小微企业创业项目采食屋简介

（a）

（b）

图2.1.1　采食屋样板店

（a）采食屋一店；（b）采食屋二店

(c)

图 2.1.1 采食屋样板店（续）

(c) 采食屋三店

该创新创业项目创始人为高校教师刘延平及她的学生团队。其中，刘延平老师作为负责人，为此产教融合创新创业项目的落地、经营注入了大量心血。从创业者角度而言，其个人创业特质示例如图 2.1.2 所示。

图 2.1.2 个人创业特质示例

任务工作单 2

组号：_____ 姓名：_____ 学号：_____ 检索号：__2117-2__

引导问题：

结合案例，分小组进行讨论，对个人进行创业特质识别与评价，如表 2.1.3 所示。

表 2.1.3 创业特质识别与评分表

创业特质	具体内容	评价标准	评分
创业必备知识（30分）	专业知识（5分）	各项非常具备得5分，完全不具备得0分，中间视具备程度进行评估打分	
	管理知识（5分）		
	法律知识（5分）		
	财务知识（5分）		
	金融知识（5分）		
	营销知识（5分）		

续表

创业特质	具体内容	评价标准	评分
创业精神培养（40分）	奋斗精神（8分）	各项非常具备得8分，完全不具备得0分，中间视具备程度进行评估打分	
	执着精神（8分）		
	合作精神（8分）		
	创新精神（8分）		
	奉献精神（8分）		
创业心态准备（30分）	积极乐观（5分）	各项非常具备得5分，完全不具备得0分，中间视具备程度进行评估打分	
	谦虚谨慎（5分）		
	感恩包容（5分）		
	专心专注（5分）		
	自省自信（5分）		
	充满激情（5分）		

结论：若评估总分大于80分，则你是个称职的创业者。若评估总分在80~60分，当你试图自己经营一个企业时，可能会遭遇到一些困难，给你一个建议就是找到一个或者两个能够弥补你劣势的合作者。若评估总分小于60分，立刻就创办和经营一个企业目前对于你来说可能不是一个可行的选择。如果你希望创业，那么就要努力锻炼创业者所必需的能力。总之不要气馁！

引导问题：
根据上面的创业特质评分结果，谈谈个人进行创业的优势及不足。

_____

_____

2.1.1.8 合作研学

任务工作单1

组号：_____ 姓名：_____ 学号：_____ 检索号：__2118-1__

引导问题：
（1）小组交流讨论，教师参与，深入剖析创业者特质，重新进行自我评价与反思，如表2.1.4所示。

表2.1.4 创业特质识别与评分表

创业特质	具体内容	评价标准	评分
创业必备知识（30分）	专业知识（5分）	各项非常具备得5分，完全不具备得0分，中间视具备程度进行评估打分	
	管理知识（5分）		
	法律知识（5分）		
	财务知识（5分）		
	金融知识（5分）		
	营销知识（5分）		

续表

创业特质	具体内容	评价标准	评分
创业精神培养（40分）	奋斗精神（8分）	各项非常具备得8分，完全不具备得0分，中间视具备程度进行评估打分	
	执着精神（8分）		
	合作精神（8分）		
	创新精神（8分）		
	奉献精神（8分）		
创业心态准备（30分）	积极乐观（5分）	各项非常具备得5分，完全不具备得0分，中间视具备程度进行评估打分	
	谦虚谨慎（5分）		
	感恩包容（5分）		
	专心专注（5分）		
	自省自信（5分）		
	充满激情（5分）		

根据上面的创业特质评分结果，谈谈个人进行创业的优势及不足。

_____

_____

（2）记录自己存在的不足。

_____

_____

2.1.1.9 展示赏学

任务工作单1

组号：_____ 姓名：_____ 学号：_____ 检索号：__2119-1__

引导问题：

（1）每小组推荐一位小组长，汇报小组成员创业特质识别与评价结果，借鉴每组经验，进一步进行小组团队创业特质识别与评价，如表2.1.5所示。

表2.1.5 创业特质识别与评分表

创业特质	具体内容	评价标准	评分
创业必备知识（30分）	专业知识（5分）	各项非常具备得5分，完全不具备得0分，中间视具备程度进行评估打分	
	管理知识（5分）		
	法律知识（5分）		
	财务知识（5分）		
	金融知识（5分）		
	营销知识（5分）		

续表

创业特质	具体内容	评价标准	评分
创业精神培养（40分）	奋斗精神（8分）	各项非常具备得8分，完全不具备得0分，中间视具备程度进行评估打分	
	执着精神（8分）		
	合作精神（8分）		
	创新精神（8分）		
	奉献精神（8分）		
创业心态准备（30分）	积极乐观（5分）	各项非常具备得5分，完全不具备得0分，中间视具备程度进行评估打分	
	谦虚谨慎（5分）		
	感恩包容（5分）		
	专心专注（5分）		
	自省自信（5分）		
	充满激情（5分）		

（2）根据小组的创业特质评分结果，谈谈小组团队进行创业的优势及不足。

_____

_____

（3）检讨自己的不足。

_____

_____

2.1.1.10 评价反馈

任务工作单1

组号：_____　姓名：_____　学号：_____　检索号：21110-1

个人自评表

班级		组名		日期	年　月　日
评价指标	评价内容			分数	分数评定
信息收集能力	能有效利用网络、图书资源查找有用的相关信息等；能将查到的信息有效地传递到学习中			10分	
感知课堂生活	是否熟悉创业者所需特质，认同分工协作的价值；在学习中是否能获得满足感			10分	
参与态度，沟通能力	积极主动与教师、同学交流，相互尊重、理解、平等；与教师、同学之间是否能够保持多向、丰富、适宜的信息交流			10分	
	能处理好合作学习和独立思考的关系，做到有效学习；能提出有意义的问题或能发表个人见解			10分	

续表

评价指标	评价内容	分数	分数评定
知识、能力获得	1. 能理解创业特质对创业者的重要意义	10分	
	2. 能掌握成功创业者需具备的主要特质	10分	
	3. 能参照创业者的主要特质进行自我识别	10分	
	4. 能针对创业者所需特质，总结个人特质的优势及不足	10分	
思维态度	是否能发现问题、提出问题、分析问题、解决问题、创新问题	10分	
自评反馈	按时按质完成任务；较好地掌握了知识点；具有较强的信息分析能力和理解能力；具有较为全面严谨的思维能力并能条理清楚明晰表达成文	10分	
自评分数			
有益的经验和做法			
总结反馈建议			

任务工作单2

组号：_____ 姓名：_____ 学号：_____ 检索号：__21110-2__

小组内互评验收表

验收组长		组名		日期	年 月 日
组内验收成员					
任务要求	理解创业特质对创业者的重要意义；掌握成功创业者需具备的主要特质；参照创业者的主要特质进行自我识别；针对创业者所需特质总结个人特质的优势及不足					
验收文档清单	被验收者2117-1 工作任务单 被验收者2117-2 工作任务单 文献检索清单					
验收评分	评分标准				分数	得分
	能简述创业特质对创业者的重要意义，错误一处扣5分				20分	
	能说出成功创业者需具备的主要特质，错误一处扣5分				20分	
	能参照创业者的主要特质进行自我识别，多填或漏填一处扣5分				25分	
	能针对创业者所需特质总结个人特质的优势及不足，错误一处扣2分				20分	
	提供文献检索清单，少于3项，缺一项扣5分				15分	
评价分数						
不足之处						

任务工作单 3

被评组号：_____ 检索号：__21110-3__

小组间互评表

班级		评价小组		日期		年　月　日
评价指标	评价内容			分数	分数评定	
汇报表述	表述准确			15 分		
	语言流畅			10 分		
	准确概括任务完成情况			15 分		
内容正确度	参考创业者主要特质准确进行自我识别			30 分		
	针对创业者所需特质总结个人特质的优势及不足，有理有据			30 分		
	互评分数					
简要评述						

任务工作单 4

组号：_____ 姓名：_____ 学号：_____ 检索号：__21110-4__

任务完成情况评价表

任务名称	创业特质识别				总得分	
评价依据	学生完成的 2117-1、2117-2 任务工作单，完成的 2118-1、2119-1 任务工作单					
序号	任务内容及要求		配分	评分标准	教师评价	
					结论	得分
1	能简述创业特质对创业者的重要意义	（1）描述正确	10 分	缺一个要点扣 1 分		
		（2）语言表达流畅	10 分	酌情赋分		
2	能说出成功创业者需具备的主要特质	（1）描述正确	10 分	缺一个要点扣 1 分		
		（2）语言流畅	10 分	酌情赋分		
3	能参照创业者的主要特质进行自我识别	（1）理解正确	10 分	缺一个要点扣 2 分		
		（2）评分合理	10 分	酌情赋分		
4	能针对创业者所需特质总结个人特质的优势及不足	（1）描述正确	10 分	缺一个要点扣 2 分		
		（2）语言流畅	10 分	酌情赋分		

续表

序号	任务内容及要求		配分	评分标准	教师评价	
					结论	得分
5	至少包含3份文献的检索文献目录清单	（1）数量	5分	每少一个扣2分		
		（2）参考的主要内容要点	5分	酌情赋分		
6	素质素养评价	（1）沟通交流能力 （2）团队合作 （3）课堂纪律 （4）合作探学 （5）自主研学 （6）培养实事求是的精神 （7）培养自省自信、自我认识的品性 （8）培养语言表达能力和沟通能力 （9）培养全局观和全方位、多角度分析问题的意识	10分	酌情赋分，但违反课堂纪律，不听从组长、教师安排不得分		

任务二　资源整合与方向拟定

2.1.2.1 任务描述

以小组为单位，参照图2.1.3所示内容，进行小组创业资源整合与创业项目方向拟定。

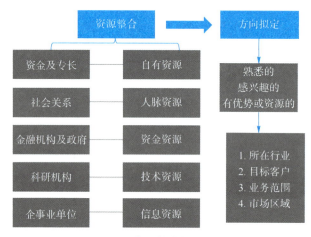

图 2.1.3　资源整合与方向拟定

2.1.2.2 学习目标

1. 知识目标
（1）掌握创业所需的主要资源。
（2）掌握创业项目方向拟定的要点。

2. 能力目标
（1）能进行创业团队资源挖掘与整合。
（2）能进行创业项目方向拟定。

3. 素质素养目标
（1）培养集体观、全局观。
（2）培养多角度、深入分析问题的意识。
（3）培养分工协作的合作意识。
（4）培养语言表达和沟通能力。

2.1.2.3 重难点

1. 重点
创业资源整合与方向拟定。

2. 难点
（1）全方位进行资源整合。
（2）准确拟定有潜质、可行的创业方向。

2.1.2.4 相关知识链接

1. 创业所需的主要资源

成功的创业者都擅于寻找自己的专长，能利用自己和别人手里的钱和物，擅于通过整合各种资源，拟定最有潜质的创业项目；能利用合情、合理、合法的方法，让这些资源源源不断地为自己创造财富。一般来说，一个创业企业所需要的主要资源有：

（1）自有资源。自有资源主要从团队资金及团队专长入手。首先，可以对团队的现有资金或积蓄进行一个全面的盘点。现有资金是指现有的现金或银行存款；积蓄比如说借给朋友周转的钱、股市的钱，虽然这些可能暂时无法动用，但是也算积蓄的一部分；然后厘清可用于创业的资金数额。其次，分析专长。专长是指擅长做且比别人做得好的事情。每个人的性格和经历不同，不同的团队在一起能效益最大化的事情也不同，应该综合分析确定团队优势或专长是否可以为创业带来契机。

（2）人脉资源。即可以借助亲戚朋友、老师同学的力量、智慧、名望甚至社会关系帮助自己打开创业局面，以获得重要支持。如果创业者拥有良好的人脉基础，并善用人脉来弥补自己在创业初期资金、技术上的不足，成功的可能性和速度都会大大提高。

（3）资金资源。即可以借助银行、投资机构等金融单位获取创业所需的资金资源，或依靠政府给予的资金扶持。

（4）技术资源。可以借助各种科研院所、高等院校等科研机构，获取创业所需的技术资源。

（5）信息资源。可以借助信息研究院、产业研究院等政府机关，获取创业所需的信息资源。或者借助世界500强或国内各类知名企事业单位，获取创业所需的行业信息资源。

创业实践中有哪些创业资源整合方法

2. 创业项目方向拟定的要点

（1）寻找创业方向。创业方向可以从三个角度入手：

第一，熟悉的。所谓"生意做熟不做生"，刚刚起步的创业者在很多方面都经验不足，因此，选择自己比较熟悉的行业可以少走弯路，成功的概率会更高。

第二，感兴趣的。兴趣是最好的老师，是创业的精神支柱。在自己感兴趣的领域创业，做自己喜欢的事情，则能够更好地调动潜能、顶住压力、挺过困难、坚持到底。

第三，有优势或资源的。创业的方向应该符合个人或团队优势及专长，扬长避短，用自己的优势和资源创业才能更具有竞争力。

（2）拟定创业方向。创业方向的设定是创业规划的核心。一个清晰明确的方向可以帮助创业者持续并专注地经营企业，并及时应对不断变化的市场需求。

第一，所在行业。创业项目所属行业，是准备做领导者还是跟随者？

第二，目标客户。客户是谁？客户的需求是什么？客户需要用何种方式来满足需求？

第三，业务范围。你能向顾客提供什么？你希望从事何种经营？

第四，市场区域。选择在哪提供？在多大的市场领域进行经营活动？

2.1.2.5 素质素养养成

在资源整合环节，同学们要懂得资源的整合与合理利用，寻求合法、正规的途径和关系为创业项目筹备添砖加瓦。在方向拟定环节，要结合自身情况及市场情况，特别关注人们消费需求情况，为人们对美好生活的追求、多样化需要的满足创造价值。

2.1.2.6 任务分组

学生任务分组表如表 2.1.6 所示。

表 2.1.6 学生任务分组表

班级		组号		指导教师	
组长		学号			
组员	姓名		学号	姓名	学号
任务分工					

2.1.2.7 自主探究

任务工作单 1

组号：_____ 姓名：_____ 学号：_____ 检索号：__2127-1__

引导问题：

（1）查阅文献，简述创业所需的主要资源。

_____

_____

（2）谈谈创业项目方向拟定的主要要点。

_____

_____

项目视野：

下面为采食屋校园门店项目落地前的创业资源整合与方向拟定环节呈现。

第一阶段，采食屋项目创业初期的资源整合，如图 2.1.4 所示。

第二阶段，采食屋项目创业初期的方向拟定，如图 2.1.5 所示。

图 2.1.4 创业初期的资源整合

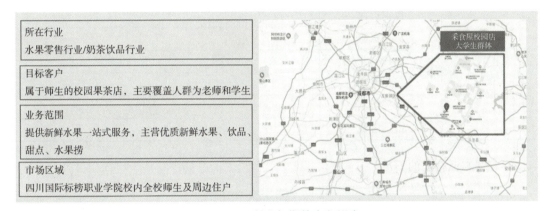

图 2.1.5 创业初期的方向拟定

任务工作单 2

组号：_____ **姓名：**_____ **学号：**_____ **检索号：** 2127-2

引导问题：

以小组为单位，参照采食屋案例，进行小组小微企业创业资源整合与项目方向拟定，如表 2.1.7 所示。

表 2.1.7 创业资源整合与项目方向拟定表

资源整合	自有资源	
	人脉资源	
	资金资源	
	技术资源	
	信息资源	
方向拟定	所在行业	
	目标客户	
	业务范围	
	市场区域	

2.1.2.8 合作研学

任务工作单 1

组号：_____ 姓名：_____ 学号：_____ 检索号：__2128-1__

引导问题：

（1）小组交流讨论、教师参与，修订创业资源整合与项目方向拟定表，如表 2.1.8 所示。

表 2.1.8　创业资源整合与项目方向拟定表

资源整合	自有资源	
	人脉资源	
	资金资源	
	技术资源	
	信息资源	
方向拟定	所在行业	
	目标客户	
	业务范围	
	市场区域	

（2）记录自己存在的不足。

_____

_____

2.1.2.9 展示赏学

任务工作单 1

组号：_____ 姓名：_____ 学号：_____ 检索号：__2129-1__

引导问题：

（1）每小组推荐一位小组长，汇报小组创业资源整合与方向拟定计划，借鉴每组经验，进一步优化创业资源整合与项目方向拟定表，如表 2.1.9 所示。

表 2.1.9　创业资源整合与项目方向拟定表

资源整合	自有资源	
	人脉资源	
	资金资源	
	技术资源	
	信息资源	
方向拟定	所在行业	
	目标客户	
	业务范围	
	市场区域	

(2) 检讨自己的不足。

_____
_____

2.1.2.10 评价反馈

任务工作单1

组号：_____ 姓名：_____ 学号：_____ 检索号：__21210-1__

个人自评表

班级		组名		日期	年　月　日
评价指标	评价内容			分数	分数评定
信息收集能力	能有效利用网络、图书资源查找有用的相关信息等；能将查到的信息有效地传递到学习中			10分	
感知课堂生活	是否熟悉创业资源整合与方向拟定要点，认同分工协作的价值；在学习中是否能获得满足感			10分	
参与态度，沟通能力	积极主动与教师、同学交流，相互尊重、理解、平等；与教师、同学之间是否能够保持多向、丰富、适宜的信息交流			10分	
	能处理好合作学习和独立思考的关系，做到有效学习；能提出有意义的问题或能发表个人见解			10分	
知识、能力获得	1. 能简述创业所需资源的主要形式			10分	
	2. 能说出创业项目方向拟定的要点			10分	
	3. 能进行创业团队资源挖掘与整合			10分	
	4. 能进行创业项目方向拟定			10分	
思维态度	是否能发现问题、提出问题、分析问题、解决问题、创新问题			10分	
自评反馈	按时按质完成任务；较好地掌握了知识点；具有较强的信息分析能力和理解能力；具有较为全面严谨的思维能力并能条理清楚明晰表达成文			10分	
自评分数					
有益的经验和做法					
总结反馈建议					

任务工作单 2

组号：_____ 姓名：_____ 学号：_____ 检索号：__21210-2__

小组内互评验收表

验收组长		组名		日期	年　月　日
组内验收成员					
任务要求	简述创业所需资源的主要形式；说出创业项目方向拟定的要点；进行创业团队资源挖掘与整合；进行创业项目方向拟定				
验收文档清单	被验收者 2127-1 工作任务单 被验收者 2127-2 工作任务单				
	文献检索清单				
验收评分	评分标准			分数	得分
	能简述创业所需资源的主要形式，错误一处扣 5 分			20 分	
	能说出创业项目方向拟定的要点，错误一处扣 5 分			20 分	
	能进行创业团队资源挖掘与整合，不足一处扣 5 分			25 分	
	能进行创业项目方向拟定，错误一处扣 2 分			20 分	
	提供文献检索清单，少于 3 项，缺一项扣 5 分			15 分	
	评价分数				
不足之处					

任务工作单 3

被评组号：_____ 检索号：__21210-3__

小组间互评表

班级		评价小组		日期	年　月　日
评价指标	评价内容			分数	分数评定
汇报表述	表述准确			15 分	
	语言流畅			10 分	
	准确概括任务完成情况			15 分	
内容正确度	创业资源整合全面有条理			30 分	
	拟定的项目方向具体可行			30 分	
	互评分数				
简要评述					

任务工作单 4

组号：_____ 姓名：_____ 学号：_____ 检索号：__21210-4__

任务完成情况评价表

任务名称		资源整合与方向拟定			总得分	
评价依据		学生完成的 2127-1、2127-2 任务工作单，完成的 2128-1、2129-1 任务工作单				
序号	任务内容及要求		配分	评分标准	教师评价	
					结论	得分
1	能简述创业所需资源的主要形式	（1）描述正确	10 分	缺一个要点扣 1 分		
		（2）语言表达流畅	10 分	酌情赋分		
2	能说出创业项目方向拟定的要点	（1）描述正确	10 分	缺一个要点扣 1 分		
		（2）语言流畅	10 分	酌情赋分		
3	能进行创业团队资源挖掘与整合	（1）整合全面	10 分	缺一个要点扣 2 分		
		（2）梳理条理	10 分	酌情赋分		
4	能进行创业项目方向拟定	（1）具体完备	10 分	缺一个要点扣 2 分		
		（2）方向可行	10 分	酌情赋分		
5	至少包含 3 份文献的检索文献目录清单	（1）数量	5 分	每少一个扣 2 分		
		（2）参考的主要内容要点	5 分	酌情赋分		
6	素质素养评价	（1）沟通交流能力 （2）团队合作 （3）课堂纪律 （4）合作探学 （5）自主研学 （6）培养集体观、全局观 （7）培养多角度、深入分析问题的意识 （8）培养分工协作的合作意识 （9）培养语言表达能力和沟通能力	10 分	酌情赋分，但违反课堂纪律，不听从组长、教师安排不得分		

 项目二

创业项目论证

任务一　市场调查

2.2.1.1 任务描述

以小组为单位，参照表 2.2.1 内容，进行小组创业项目市场调研，填写项目市场调查表，如表 2.2.1 所示。

表 2.2.1　项目市场调查表

调查内容	调查结论
市场环境调查	
市场需求调查	
顾客情况调查	
竞争对手调查	

2.2.1.2 学习目标

1. 知识目标
（1）掌握项目市场调查内容及其细分内容。
（2）掌握间接调查、直接调查等市场调查方法。
2. 能力目标
（1）能够结合项目市场调查内容开展市场调查活动。
（2）能够分析创业市场调查结果的有效性。
3. 素质素养目标
（1）培养处理信息的意识。
（2）培养解决问题的意识。
（3）培养逻辑思维能力。
（4）培养分析归纳总结的能力。

2.2.1.3 重难点

1. 重点

掌握间接调查、直接调查等市场调查方法。

2. 难点

（1）合理设计项目的市场调查内容及活动。
（2）准确展开市场调研活动并完成成果描述。

2.2.1.4 相关知识链接

1. 市场调查的定义

市场调查又称市场调研、市场研究，对于创业者而言，市场调查可以理解为市场需求调查。即运用科学的调查方式，有目的、有计划地对某一创业项目的潜在购买者或现实使用者，以及市场运营过程中可能遇到的问题进行的调查，系统而客观地收集有关产品或服务的产、供、销数据与资料，再进行分析和处理，预测其发展趋势，为自己的创业决策提供有效依据的活动过程。

这个概念有三层意义，第一层意义是说明市场调查的对象即产品或服务的购买者、使用者，以及市场营运的过程；第二层意义是说明市场调查的科学性，即要有针对性；第三层意义是说明市场调查的作用，就是支持创业者做出决策。经常有创业者问：什么情况下要做市场调查？有必要做市场调查吗？应该说在做出创业决策前都必须做市场调查。

2. 市场调查的基本内容

通过市场调查收集与经营活动相关的各种信息、情报、数据等资料，即市场信息。广义的市场信息是指在一定的时间和条件下，同商品交换以及与之相联系的生产与服务有关的各种消息、情报、数据、资料的总称；狭义的市场信息，是指有关市场商品销售的信息，如商品销售情况、消费者情况、销售渠道与销售技术、产品的评价等。

市场调查知识概述 PPT

1）市场环境调查

创业会受到各种因素的影响和制约，尤其是外部大环境，更是创业者无法扭转又必须去面对的。市场环境调查主要包括经济环境、政治环境、社会文化环境、科学环境和自然地理环境、行业环境等调研。社会环境包括社会人口状况、大众的价值观和对时尚的要求、社会风俗习惯、一系列的保护消费者权益的运动开展情况等，社会环境安全与否，对投资者的发展影响很大。自然地理环境包括相关地区的人口分布、资源条件、交通运输、通信条件、山川河流、生物植被等。行业环境则主要侧重于对该行业生命周期的分析，处于萌芽期、成长期、成熟期，还是萎缩期，创业者需确定企业选定的行业生命周期所处的位置，再进行综合分析。创业者只有去适应所处的市场环境，所创事业才有生存和发展的空间，才能不断发展和壮大。

2）市场需求调查

如果创业者要生产或经销某一种或某一系列产品，就应对产品的市场需求进行调查。通过市场调查，首先是对自己的产品进行市场定位，调查了解目标市场大小、竞争者如何；其次，可以发现市场缝隙的存在，从而发现创业机会；最后，可以发现社会热点。按照变化会产生热点，热点会产生创业机会的规律，在热点旁往往就是新商机。

3）顾客情况调查

顾客是企业生存、发展之根本。没有顾客，企业就要倒闭。如果解决了顾客的问题，满足了顾客的需求，创办的企业就可能成功。这些顾客可以是你原有的客户，也可能是你潜在的顾客。顾客情况调查包括顾客需求情况和顾客分类情况两个方面。需求情况就是现有的顾客希望从中得到哪方面的满足和需求，现时的产品（或服务项目）为什么能够较好地满足他们某些方面的需要等。分类调查要明确你的目标顾客，尽可能多地掌握他们的详细资料，按照一定的标准做出分类，有针对性地进行企业战略部署。

4）竞争对手调查

了解竞争对手，可以取其之长，补己之短，使之成为激励企业发展的动力；了解竞争对手，也可以明确自己的企业在行业中的位置，以确定自己短期或长期的发展目标。也许你开展的业务是全新的，有独到之处，在刚开始经营时没有对手；一旦生意兴旺，马上就会有许多人学习你的业务，竞相加入，这些就是你的潜在对手。了解竞争对手的情况，知己知彼，才能百战百胜。

3. 市场调查方法

1）间接调查法

间接调查法就是收集已存在的、别人调查整理的二手资料。间接调查可以借助各种渠道进行，如报纸、杂志、互联网、行业协会、政府部门、银行财税部门等。对创业者来说，用间接调查法收集二手市场信息比较方便容易，费用少，来源广，节省时间，所以在创业调查阶段分析收集信息往往首先采用这种方法。同时通过不断的信息获取，开始建立自己的直觉，"新眼光"也将不断发展，可以给自己提供更多看问题的新方法。

2）直接调查法

收集市场信息最直接的方法就是直接观察或者调查相关人员，根据得到的答案或信息整理出有用的资料。直接调查法主要收集微观市场信息，宏观市场信息往往只能通过间接调查法收集。

直接调查通常有以下几种方法：

（1）问卷调查法。问卷调查就是设计一个简易的问卷，列出一些问题，在特定的区域进行抽样调查。具体步骤包括设计问卷、设定样本框、实地调查、数据整理和得出结论。

①设计问卷：完整的调查问卷包括卷头、标题和问卷主体。问卷内容根据意向创业项目需要了解的信息进行设计，问卷设计要便于回答，不能模棱两可。

②设定样本框：问卷调查不可能全面调查，只能进行抽样调查，简单地讲就是怎么调查，什么时候调查，调查多少份，抽样的要求是必须具有代表性。

③实地调查：主要采取街头拦访的方式，关注选择普通消费群体。

④数据整理：数据整理就是把调查回来的资料进行汇总整理，对各个选项进行分门别类的统计。

⑤得出结论：通过简单处理，分析整理后的数据，得出需要的信息，用以科学决策。

问卷调查法的优点是访问过程较直接，易于操作，所收集的数据比较可靠，数据的整理、分析和解释都比较简单；缺点是对于涉及个人隐私或感情等方面的敏感问题，被调查者可能不愿意回答，这会影响数据的有效性。市场信息收集的好坏很大程度上取决于问卷设计的质量。

（2）访问法。面谈访问法，访问者根据收集信息的提纲直接调查被访问者，当面询问有关问题，既可以是个别面谈，通过口头询问，也可以是群体面谈，通过座谈会等形式。访问者应当事先拟定调查项目，通过面谈、信访、电话等方式向被调查者提出询问，以获取所需要的调查资料。

（3）观察调查法。观察调查法是收集信息的工作人员凭借自己的感官和各种记录工具，深入现场，在未被观察者察觉的情况下，直接观察和记录被观察者行为，以收集市场信息的一种方法。

观察调查法的优点是，可以实地记录市场现象的发生，能够获得直接、具体的生动材料，对市场现象的实际过程和当时的环境气氛都可以了解，这是其他方法不能比拟的；观察调查法不要求被观察者具有配合收集工作的语言表达能力或文字表达能力，适用性比较强；观察调查法还有资料可靠性高、简便易行、灵活性强等优点。观察调查法的主要缺点是，只能观察到人的外部行为，不能说明其内在动机，观察活动受时间和空间的限制，被观察者有时难免受到一定程度的干扰而不是完全处于自然状态等。

2.2.1.5 素质素养养成

在创业活动各环节中,都应该始终关注市场动态变化及发展情况,适时进行实事求是、系统科学的市场调查活动;根据市场调查结论,准确分析消费者需求,创造满足多样化、不断变化需求的产品和服务。

2.2.1.6 任务分组

学生任务分组表如表 2.2.2 所示。

表 2.2.2　学生任务分组表

班级		组号		指导教师	
组长		学号			
组员	姓名		学号	姓名	学号
任务分工					

2.2.1.7 自主探究

任务工作单 1

组号:＿＿＿＿　姓名:＿＿＿＿　学号:＿＿＿＿　检索号:＿2217-1＿

引导问题:

(1) 查阅文献,简述项目市场调查内容及其细分内容。

_____

(2) 归纳市场调查的不同方法。

_____

项目视野:

下面以小微创业项目采食屋的门店市场调查表为例,如图 2.2.1 所示。

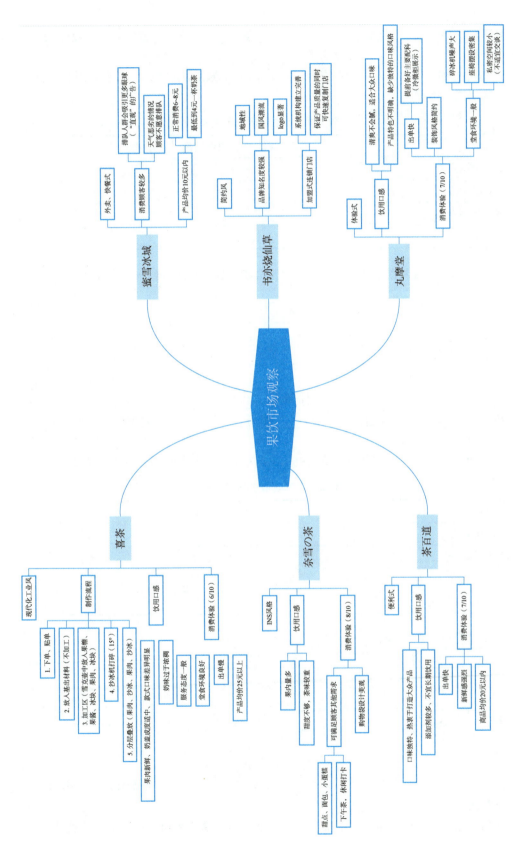

图 2.2.1 果饮市场调查情况

任务工作单 2

组号：_____ 姓名：_____ 学号：_____ 检索号：__2217-2__

引导问题：

（1）参考上述案例的商业市场调查表，开展市场调查活动，完成小组小微创业项目市场调查表，如表 2.2.3 所示。

表 2.2.3　项目市场调查表

调查内容	调查结论
市场环境调查	
市场需求调查	
顾客情况调查	
竞争对手调查	

（2）根据本组项目调查活动开展情况，讨论分析上述市场调查结果的有效性。

_____
_____

2.2.1.8 合作研学

任务工作单 1

组号：_____ 姓名：_____ 学号：_____ 检索号：__2218-1__

引导问题：

（1）小组交流讨论，教师参与，呈现更完善的小组项目市场调查结果，如表 2.2.4 所示。

表 2.2.4　项目市场调查表

调查内容	调查结论
市场环境调查	
市场需求调查	
顾客情况调查	
竞争对手调查	

（2）记录自己存在的不足。

_____
_____

2.2.1.9 展示赏学

任务工作单 1

组号：_____ 姓名：_____ 学号：_____ 检索号：__2219-1__

引导问题：

（1）每小组推荐一位小组长，汇报市场调查表方案，借鉴每组经验，进一步优化项目市场调查结论，如表 2.2.5 所示。

表 2.2.5 项目市场调查表

调查内容	调查结论
市场环境调查	
市场需求调查	
顾客情况调查	
竞争对手调查	

（2）检讨自己的不足。

_____
_____

2.2.1.10 评价反馈

任务工作单 1

组号：_____ 姓名：_____ 学号：_____ 检索号：22110-1

个人自评表

班级		组名		日期	年　月　日
评价指标	评价内容			分数	分数评定
信息收集能力	能有效利用网络、图书资源查找有用的相关信息等；能将查到的信息有效地传递到学习中			10 分	
感知课堂生活	是否熟悉市场调查的内容及方法，认同调查研究的价值；在学习中是否能获得满足感			10 分	
参与态度，沟通能力	积极主动与教师、同学交流，相互尊重、理解、平等；与教师、同学之间是否能够保持多向、丰富、适宜的信息交流			10 分	
	能处理好合作学习和独立思考的关系，做到有效学习；能提出有意义的问题或能发表个人见解			10 分	
知识、能力获得	1. 能掌握项目市场调查内容及其细分内容			10 分	
	2. 能掌握间接调查法、直接调查法等市场调查方法			10 分	
	3. 能够结合项目市场调查内容开展市场调查活动			10 分	
	4. 能够分析创业市场调查结果的有效性			10 分	
思维态度	是否能发现问题、提出问题、分析问题、解决问题、创新问题			10 分	
自评反馈	按时按质完成任务；较好地掌握了知识点；具有较强的信息分析能力和理解能力；具有较为全面严谨的思维能力并能条理清楚明晰表达成文			10 分	
自评分数					
有益的经验和做法					
总结反馈建议					

小微企业创业实战

任务工作单 2

组号：_____ 姓名：_____ 学号：_____ 检索号：__22110-2__

小组内互评验收表

验收组长		组名		日期	年　月　日
组内验收成员					
任务要求	能掌握项目市场调查内容及其细分内容；能掌握间接调查法、直接调查法等市场调查方法；能够结合项目市场调查内容开展市场调查活动；能够分析创业市场调查结果的有效性				
验收文档清单	被验收者 2217-1 工作任务单 被验收者 2217-2 工作任务单				
	文献检索清单				
	评分标准			分数	得分
验收评分	能简述项目市场调查内容及其细分内容，错误一处扣 5 分			20 分	
	能说出间接调查法、直接调查法等市场调查方法，错误一处扣 5 分			20 分	
	能够结合项目市场调查内容开展市场调查活动，不足一处扣 5 分			25 分	
	能够分析创业市场调查结果的有效性，不足一处扣 2 分			20 分	
	提供文献检索清单，少于 3 项，缺一项扣 5 分			15 分	
	评价分数				
不足之处					

任务工作单 3

被评组号：_____ 检索号：__22110-3__

小组间互评表

班级		评价小组		日期	年　月　日
评价指标		评价内容		分数	分数评定
汇报表述		表述准确		15 分	
		语言流畅		10 分	
		准确反映该组完成情况		15 分	
内容正确度		市场调查活动结果合理可靠		30 分	
		分析创业市场调查结论的有效性有理有据		30 分	
		互评分数			
简要评述					

任务工作单4

组号：_____　　姓名：_____　　学号：_____　　检索号：__22110-4__

任务完成情况评价表

任务名称	市场调查			总得分	
评价依据	学生完成的2217-1、2217-2任务工作单，完成的2218-1、2219-1任务工作单				
序号	任务内容及要求		配分	评分标准	教师评价
					结论　　得分
1	能简述项目市场调查内容及其细分内容	（1）描述正确	10分	缺一个要点扣1分	
		（2）语言表达流畅	10分	酌情赋分	
2	能说出间接调查法、直接调查法等市场调查方法	（1）描述正确	10分	缺一个要点扣1分	
		（2）语言流畅	10分	酌情赋分	
3	能够结合项目市场调查内容开展市场调查活动	（1）思路正确	10分	缺一个要点扣2分	
		（2）结构合理	10分	酌情赋分	
4	能够分析创业市场调查结果的有效性	（1）描述正确	10分	缺一个要点扣2分	
		（2）语言流畅	10分	酌情赋分	
5	至少包含3份文献的检索文献目录清单	（1）数量	5分	每少一个扣2分	
		（2）参考的主要内容要点	5分	酌情赋分	
6	素质素养评价	（1）沟通交流能力 （2）团队合作 （3）课堂纪律 （4）合作探学 （5）自主研学 （6）培养处理信息的意识 （7）培养解决问题的意识 （8）培养逻辑思维能力 （9）培养分析归纳总结的能力	10分	酌情赋分，但违反课堂纪律，不听从组长、教师安排不得分	

任务二　项目评估

2.2.2.1 任务描述

通过本教学任务掌握项目评估的方法，对创业项目进行 SWOT 模型分析，得出项目综合评估结论，如表 2.2.6 所示。

表 2.2.6　创业项目 SWOT 模型分析评估表

内部因素	优势（Strengths）	弱势（Weaknesses）
外部因素	机会（Opportunities）	威胁（Threats）
综合分析：		

2.2.2.2 学习目标

1. 知识目标
（1）掌握创业评估的基本要素。
（2）掌握创业项目经济效益评估的主要内容。

2. 能力目标
（1）能绘制本小组所构思创业项目的 SWOT 分析模型。
（2）能对创业项目进行评估分析。

3. 素质素养目标
（1）培养局部思考的意识。
（2）培养全局思考的意识。
（3）培养组织搭建学习的意识。
（4）培养信息评价分析的能力。

2.2.2.3 重难点

1. 重点
创业项目经济效益评估的主要内容。

2. 难点
（1）能绘制创业项目的 SWOT 分析模型。
（2）准确进行创业项目评估分析。

2.2.2.4 相关知识链接

1. 创业项目时机可行性评估：SWOT 分析法
SWOT 分析法又称为战略分析法，是一种将企业的战略与内部资源、外部环境结合的分析方法。通过对项目本身的竞争优势、竞争劣势以及外部的机会和威胁加以综合评估与分析得出结论，同时调整企业战略，调配企业资源，进而达成企业目标。

因此，在创业项目论证阶段，运用SWOT分析法，对创业项目进行可行性分析，评估创业项目以及调整优化资源，避免创业风险。

2. 分析内容

SWOT 四个英文字母的含义分别是 Strengths（优势）、Weaknesses（劣势）、Opportunities（机会）和 Threats（威胁）。一般来说，S、W 属于内部因素，O、T 属于外部因素。

1) 优势

优势（S）是指超越其竞争对手的能力。如当两个企业处在同一市场，或者都有能力向同一顾客群体提供产品（服务）时，如果其中一个企业有更高的盈利率或盈利潜力，那么我们就认为这个企业比另外一个企业更具有竞争优势。

竞争优势主要体现在以下几个方面：

（1）核心技术优势：如独特的生产技术、低成本生产方法、领先的革新能力、雄厚的技术实力、完善的质量控制体系、丰富的营销经验、优质的客户服务、卓越的大规模采购技能等。

（2）有形资产优势：如先进的生产流水线、现代化车间和设备、丰富的自然资源储备、吸引人的不动产地点、充足的资金、完备的资料信息等。

（3）无形资产优势：如优秀的品牌形象、良好的商业信用、积极进取的公司文化等。

（4）人力资源优势：如关键领域拥有专长的职员、积极上进的职员、有很强的组织学习能力的职员、有丰富经验的职员等。

（5）组织体系优势：如高质量的控制体系、完善的信息管理系统、忠诚的客户群、强大的融资能力等。

（6）销售能力优势：如产品开发周期短、强大的经销商网络、与供应商良好的伙伴关系、对市场环境变化的灵敏反应、市场份额的领导地位等。

2) 劣势

劣势（W）是指某种公司缺少或做得不好的方面，即某种会使公司处于劣势的条件。可能导致内部劣势的因素有：

（1）缺乏具有竞争力的技术。

（2）缺乏有竞争力的有形资产、无形资产和人力资源。

（3）在关键领域缺乏竞争力。

3) 机会

机会（O）是影响公司战略的重大外在因素。公司管理者应当确认每一个机会，评价每一个机会的成长和利润前景，选取那些与公司财务和组织资源匹配、能使公司获得竞争优势的最佳机会。潜在的发展机会可能是：

（1）客户群或产品细分市场有扩大趋势。

（2）技术技能突破，新产品、新业务为更大客户群服务。

（3）市场进入的壁垒降低。

（4）获得并购竞争对手的机会。

（5）市场需求增长强劲，可快速扩张。

（6）出现向其他区域扩张、扩大市场份额的机会。

4) 威胁

威胁（T）指公司外部客观存在的某些对公司的盈利能力和市场地位形成挑战的因素。公司管理者应当及时确认危及公司未来利益的威胁，做出评价并采取相应的战略行动来抵消或减轻它们所产生的影响。外部威胁可能是：

（1）强大的竞争对手将进入市场。
（2）替代品抢占公司销售份额。
（3）主要产品市场增长率下降。
（4）汇率和外贸政策的不利变动。
（5）人口特征、社会消费方式的不利变动。
（6）市场需求减少。

综上，将以上分析得出的影响企业发展的内外因素按照一定的顺序排列形成SWOT分析矩阵。将那些对企业发展非常重要、紧迫且有直接影响的因素排在前面，而将那些不太重要的、不紧迫的和间接的影响因素排在后面。

3. 分析结论

SWOT分析工具提供了4种战略方向，即SO战略、WO战略、ST战略和WT战略，如表2.2.7所示。

表2.2.7　创业项目的SWOT战略决策表

外部内部	S：优势	W：劣势
O：机会	SO战略：增长性战略 项目可行依靠内部优势 抓住外部机会	WO战略：扭转型战略 重点调整利用外部机会 克服内部弱点
T：威胁	ST战略：多种经营战略 重点调整利用内部优势 抵制外部威胁	WT战略：防御型战略 项目不可行（放弃） 减少内部弱点，避免外部威胁

2.2.2.5 素质素养养成

在进行创业项目SWOT模型分析时，带动学生创业团队树立全局观念和整体意识，系统地认知本组项目的优势劣势、机会威胁，查漏补缺，扬长避短。

2.2.2.6 任务分组

学生任务分组表如表2.3.8所示。

表2.2.8　学生任务分组表

班级		组号		指导教师	
组长		学号			
组员	姓名		学号	姓名	学号
任务分工					

2.2.2.7 自主探究

任务工作单 1

组号：_____ 姓名：_____ 学号：_____ 检索号：__2227-1__

引导问题：

（1）查阅文献，简述创业项目评估 SWOT 分析模型。

_____

_____

（2）谈谈创业项目评估分析过程中的注意事项。

_____

_____

项目视野：

下面以小微创业项目采食屋的门店 SWOT 分析和优化策略描述为例，如图 2.2.2 所示。

优势 Strengths 01		02 劣势 Weaknesses
·基于在校师生人群，消费者稳定 ·客户需求量足够多 ·店铺位置设置在校内休闲区域 ·运用大数据完成线上销售管理		·产品缺少特点，不能给消费者留下深刻印象 ·品牌知名度处于初创阶段，客户识别性不强
机会 Opportunities 03		04 威胁 Threats
·目前国家政策大力支持助农产品的企业和公司 ·采食屋所加工售卖的产品正是省内各地区的鲜果特产		·校外同类型的成熟商户 ·学生流动性较大，难以培养忠实顾客，从而带来长期性收益

图 2.2.2　采食屋项目 SWOT 分析

任务工作单 2

组号：_____ 姓名：_____ 学号：_____ 检索号：__2227-2__

引导问题：

（1）参考上述案例的 SOWT 分析，完成小组小微创业项目 SOWT 分析表，如表 2.2.9 所示。

表 2.2.9　小微创业项目 SOWT 分析表

内部因素	优势（Strengths）	弱势（Weaknesses）
外部因素	机会（Opportunities）	威胁（Threats）
综合分析：		

（2）结合小组项目 SWOT 分析结论，完成小组小微创业项目优化策略描述。
本项目可行/不可行，需要进行优化的策略有哪些？

_____

_____

2.2.2.8 合作研学

任务工作单 1

组号：_____ 姓名：_____ 学号：_____ 检索号：__2228-1__

引导问题：

（1）小组交流讨论，教师参与，形成更完整的项目 SWOT 分析并提出优化策略，如表 2.2.10。

表 2.2.10　项目 SWOT 分析表

内部因素	优势（Strengths）	弱势（Weaknesses）
外部因素	机会（Opportunities）	威胁（Threats）
综合分析：		

（2）本项目可行/不可行，需要进行优化的策略有哪些？
_____

（3）记录自己存在的不足。
_____
_____

2.2.2.9 展示赏学

任务工作单 1

组号：_____ 姓名：_____ 学号：_____ 检索号：__2229-1__

引导问题：

（1）每小组推荐一位小组长，汇报组织 SWOT 分析方案，借鉴每组经验，进一步优化 SWOT 分析内容和优化策略描述，如表 2.2.11 所示。

表 2.2.11　项目 SWOT 分析表

内部因素	优势（Strengths）	弱势（Weaknesses）
外部因素	机会（Opportunities）	威胁（Threats）
综合分析：		

本项目可行/不可行，需要进行优化的策略有哪些？

_____

_____

（2）检讨自己的不足。

_____

_____

2.2.2.10 评价反馈

任务工作单1

组号：_____ 姓名：_____ 学号：_____ 检索号：__22210-1__

个人自评表

班级		组名		日期	年 月 日
评价指标	评价内容			分数	分数评定
信息收集能力	能有效利用网络、图书资源查找有用的相关信息等；能将查到的信息有效地传递到学习中			10分	
感知课堂生活	是否熟悉项目评估的方法，认同优势、劣势、机会、挑战思维的价值；在学习中是否能获得满足感			10分	
参与态度，沟通能力	积极主动与教师、同学交流，相互尊重、理解、平等；与教师、同学之间是否能够保持多向、丰富、适宜的信息交流			10分	
	能处理好合作学习和独立思考的关系，做到有效学习；能提出有意义的问题或能发表个人见解			10分	
知识、能力获得	1. 能掌握创业评估的基本要素			10分	
	2. 能掌握创业项目评估分析过程中的注意事项			10分	
	3. 能绘制本小组所构思创业项目的SWOT分析模型			10分	
	4. 能得出创业项目评估结论			10分	
思维态度	是否能发现问题、提出问题、分析问题、解决问题、创新问题			10分	
自评反馈	按时按质完成任务；较好地掌握了知识点；具有较强的信息分析能力和理解能力；具有较为全面严谨的思维能力并能条理清楚明晰表达成文			10分	
自评分数					
有益的经验和做法					
总结反馈建议					

任务工作单 2

组号：_____ 姓名：_____ 学号：_____ 检索号：22210-2

小组内互评验收表

验收组长		组名		日期	年　月　日
组内验收成员					
任务要求	创业评估的基本要素；创业项目评估分析过程中的注意事项；能绘制本小组所构思创业项目的SWOT分析模型；能对创业项目进行评估得出结论				
验收文档清单	被验收者2227-1工作任务单				
	被验收者2227-2工作任务单				
	文献检索清单				
验收评分	评分标准			分数	得分
	能简述创业评估的基本要素，错误一处扣5分			20分	
	能说出创业项目评估分析过程中的注意事项，错误一处扣5分			20分	
	能绘制本小组所构思创业项目的SWOT分析模型，元素过多或不足，一处扣5分			25分	
	能得出一定的创业项目评估结论，少一处扣2分			20分	
	提供文献检索清单，少于3项，缺一项扣5分			15分	
	评价分数				
不足之处					

任务工作单 3

被评组号：_____ 检索号：22210-3

小组间互评表

班级		评价小组		日期	年　月　日
评价指标	评价内容			分数	分数评定
汇报表述	表述准确			15分	
	语言流畅			10分	
	准确反映该组完成情况			15分	
内容正确度	SWOT分析准确合理			30分	
	项目评估有理有据			30分	
	互评分数				
简要评述					

任务工作单 4

组号：_____ 姓名：_____ 学号：_____ 检索号：22210-4

任务完成情况评价表

任务名称		项目评估			总得分	
评价依据		学生完成的 2227-1、2227-2 任务工作单，完成的 2228-1、2229-1 任务工作单				
序号	任务内容及要求		配分	评分标准	教师评价	
					结论	得分
1	能简述创业评估的基本要素	（1）描述正确	10分	缺一个要点扣1分		
		（2）语言表达流畅	10分	酌情赋分		
2	能说出创业项目经济效益评估的主要内容	（1）描述正确	10分	缺一个要点扣1分		
		（2）语言流畅	10分	酌情赋分		
3	能绘制本小组所构思创业项目的SWOT分析模型	（1）思路正确	10分	缺一个要点扣2分		
		（2）结构合理	10分	酌情赋分		
4	能对创业项目进行评估结论分析	（1）描述正确	10分	缺一个要点扣2分		
		（2）语言流畅	10分	酌情赋分		
5	至少包含3份文献的检索文献目录清单	（1）数量	5分	每少一个扣2分		
		（2）参考的主要内容要点	5分	酌情赋分		
6	素质素养评价	（1）沟通交流能力	10分	酌情赋分，但违反课堂纪律，不听从组长、教师安排不得分		
		（2）团队合作				
		（3）课堂纪律				
		（4）合作探学				
		（5）自主研学				
		（6）培养局部思考的意识				
		（7）培养全局思考的意识				
		（8）培养组织搭建学习的意识				
		（9）培养信息评价分析的能力				

任务三　项目定位与确定

2.2.3.1 任务描述

根据前置环节市场调查、项目评估,进行项目定位及最终确定,填写项目定位规划表,如表 2.2.12 所示。

表 2.2.12　项目定位规划表

主要指标	规划内容
所属行业	
目标市场（面向人群）	
主营业务（产品及服务）	
市场定位（形象及吸引点）	
特色优势	
运营模式	
盈利模式	

2.2.3.2 学习目标

1. 知识目标
（1）掌握项目定位的主要内容。
（2）掌握进行企业项目定位的方法。

2. 能力目标
（1）能够进行合理的创业项目定位规划。
（2）能够对项目进行准确定位归纳。

3. 素质素养目标
（1）培养创新思维意识。
（2）培养规范、标准意识。
（3）培养思维创新能力。
（4）培养思维逻辑应用能力。

2.2.3.3 重难点

1. 重点
项目定位的技巧和基本途径。

2. 难点
（1）合理进行项目定位内容设计。
（2）准确描述项目定位。

2.2.3.4 相关知识链接

1. 项目定位

项目定位是指企业通过其产品及品牌，基于顾客需求，将其独特的个性、文化和良好形象塑造于消费者心目中，并占据一定位置。从产品定位、品牌定位、企业定位三者的关系层次上来看，一般企业定位要经历的过程是：从产品、品牌、企业定位三者一体化到三者分离，后者相对于前者越来越概括和抽象，越来越多用以表现理念。企业定位就是广告定位、产品定位、品牌定位和营销定位的有机组合。

2. 创业项目定位的基本方法

大致有8个步骤：

（1）项目的创新点是什么？

（2）创新产品有什么意义？

（3）公司创新的产品能够帮助到哪些客户？解决了这些客户的什么问题？为什么以前这些问题没有得到解决？

（4）创业项目能够提供给目标客户的价值是什么？能对客户有什么帮助？

（5）目标客户是如何找到公司的？

（6）我们与众不同的最大特点是什么（最大的、最好的、最严肃的、最高贵的、最系统的、最具性价比的、最满意的、质量最好的、时间最长的、服务最好的、最快乐的）？

（7）与竞争对手有什么不同（指核心竞争力）？

（8）我将成为行业的什么样企业（存在的价值和愿望：帮助客户、帮助员工）？

3. 进行企业项目定位的方法

1）头脑风暴法

（1）头脑风暴法的定义。头脑风暴法是一种极为有效的开启创新思维的方法，是一种可以产生新点子的办法。头脑风暴法是由奥斯本首创的，该方法主要由小组人员在正常融洽和不受任何限制的气氛中以会议形式进行讨论、座谈，打破常规，积极思考，畅所欲言，充分发表看法，现代意义上的头脑风暴法就是利用集体思维的方式，使思想相互碰撞，发生连锁反应，产生尽可能多的设想，以激发出创新思维的一种方法。

（2）头脑风暴法的基本类型。

①一般头脑风暴法：从最初的一个词语或一个议题开始，将进入脑海中的所有想法写下来。可以一直写下去，能写多少就写多少，即使某个想法貌似毫不相关或十分奇怪，因为好的想法可能就源于异想天开。

②结构性头脑风暴法：在实践中头脑风暴法可以用来思考一个特定的产业，这种头脑风暴法的类型就是结构性头脑风暴法。它不是从任意一个词组开始，而是定位于一个特定的产业，从一个特定的产品开始，然后从制造线、销售线、服务线和副产品线4个方面想出所有的相关企业。它包括与该产品销售相关的企业、与该产品制造相关的企业、与该产品副产品间接相关的企业、与该产品服务配套相关的企业等。

2）调查法

创业者进行初次创业时一般企业规模较小，其影响力就局限于居住区域范围；反过来，居住区域环境的小气候对刚创建的企业来说影响更是巨大，所以调查分析企业所在的区域环境是一项重要工作。

（1）调查居住地区的企业。

①发现市场缝隙。市场永远存在盲点，存在需求的空档，市场的盲点就是卖点，就是盈利

点。准备创业者可以在自己所在的地区范围内走走看看，了解所在地区的企业情况。通过对现有企业的经营范围、经营状况、产品或服务的品质等方面的观察、比较和思考，找出它们的不足。再结合自己和别人的实际需求，看看自己能否参与竞争获得一定的市场份额。

②跟进"聚集"的商圈。"聚集"是商圈中常见的一个重要现象，某个地区盖起了一座购物中心，不用多久，餐馆、影院、健身房、KTV等商家也会随之而来，围绕着购物中心，该地区会迅速发展成为远近闻名的商业区，而次商业区、副次商业区的出现也指日可待。创业者在寻找创业机会时可以考虑采用跟进策略，各个商家都蜂拥而至的地方，一定是充满机遇的地方，那里也很有可能成为创业者发财致富的天堂。

（2）调查所处的环境

①自然资源。了解准备创业地区有哪些丰富的自然资源，并且是可以被持续开发利用的，包括土地、农业、森林、矿产、沙漠、水产品和各种特产，可以尝试对优质资源进行深度开发，在山山水水之间挖掘财富，如利用温泉、竹林、湖泊资源开展乡村旅游。

②组织机构。在很多场合下，单位组织往往是大客户。创业者可以提前了解，在准备创业的地区有没有诸如学校、医院或政府机构之类的单位。这些单位有着庞大的需求，如办公设备的维修、办公场所的保洁、绿化维护等，也需要一些文具、家具、清洁用品、食品或打印耗材等商品。可以通过相关渠道了解它们目前主要从哪里购买产品和服务，以及它们对现有产品和服务是否有不满意的地方。

③大型企业。了解准备创业的地区有无一些大型企业或者规模相对较大的企业。通过大型企业可以做配套服务，如电脑维修、保洁、绿化维护，或提供办公桌椅、纸张等耗材。也可以捡漏，通过对周边一些大企业的调研，通常也会发现一些被大企业忽略的、较小的但却很重要的市场。

④大众媒体。创业者可以到当地图书馆的期刊阅览室查看产品目录、商业期刊等，从中发现一些有价值的信息；可以翻阅当地报纸，了解当地的特色产业项目、一些成功的创业案例、专家关于当前某个行业的发展现状点评等；也可以借助互联网了解关于企业和顾客的信息。

2.2.3.5 素质素养形成

在项目定位中，要始终站在顾客至上的角度，树立企业形象、产品形象，主动适应经济社会和人民生活发展需要，为人民美好生活创造价值。

2.2.3.6 任务分组

学生任务分组表如表2.2.13所示。

表2.2.13 学生任务分组表

班级			组号		指导教师	
组长			学号			
组员	姓名		学号		姓名	学号

续表

任务分工	

2.2.3.7 自主探究

任务工作单 1

组号：_____ 姓名：_____ 学号：_____ 检索号：2237-1

引导问题：

(1) 查阅文献，简述进行项目定位的思路。

_____

_____

(2) 谈谈进行创业项目定位的方法。

_____

_____

项目视野：

下面以采食屋项目定位和项目归纳为例，如表2.2.14所示。

表 2.2.14 采食屋项目定位规划

指标	具体内容
客户群体	20~25 岁的年轻消费群体
规模	可容纳空间 80 m²
特色	生鲜果饮
所属产业链环节	终端销售
主要产品	果饮、果切、奶茶
运营模式	线上线下有机结合
特色优势	新鲜、绿色、健康

根据表 2.2.14，可将采食屋项目整体定位归纳为一句话：
采食屋是一家立足社区情境、面向年轻消费群体提供生鲜及衍生产品的 O2O 连锁品牌店。

任务工作单 2

组号：_____ 姓名：_____ 学号：_____ 检索号：2237-2

引导问题：

(1) 参考上述案例，完成本小组小微企业项目定位规划表，如表 2.2.15 所示。

表 2.2.15 项目定位规划表

主要指标	规划内容
所属行业	
目标市场（面向人群）	
主营业务（产品及服务）	
市场定位（形象及吸引点）	
特色优势	
运营模式	
盈利模式	

（2）参考上述案例项目定位的整体描述，将本小组项目整体定位归纳为：

_____

_____

2.2.3.8 合作研学

任务工作单 1

组号：_____ 姓名：_____ 学号：_____ 检索号：__2238-1__

引导问题：

（1）小组交流讨论，教师参与，形成正确的项目定位及归纳描述，如表 2.2.16 所示。

表 2.2.16 项目定位规划表

主要指标	规划内容
所属行业	
目标市场（面向人群）	
主营业务（产品及服务）	
市场定位（形象及吸引点）	
特色优势	
运营模式	
盈利模式	

（2）将本小组项目整体定位修正为：

_____

_____

（3）记录自己存在的不足。

_____

_____

2.2.3.9 展示赏学

任务工作单 1

组号：_____ 姓名：_____ 学号：_____ 检索号：__2239-1__

引导问题：

（1）每小组推荐一位小组长，汇报项目定位及归纳的描述方案，借鉴每组经验进行进一步优化，如表 2.2.17 所示。

表 2.2.17　项目定位规划表

主要指标	规划内容
所属行业	
目标市场（面向人群）	
主营业务（产品及服务）	
市场定位（形象及吸引点）	
特色优势	
运营模式	
盈利模式	

（2）优化本小组项目整体定位为：

_____

_____

（3）检讨自己的不足。

_____

_____

2.2.3.10 评价反馈

任务工作单 1

组号：_____ 姓名：_____ 学号：_____ 检索号：__22310-1__

个人自评表

班级		组名		日期	年 月 日
评价指标	评价内容			分数	分数评定
信息收集能力	能有效利用网络、图书资源查找有用的相关信息等；能将查到的信息有效地传递到学习中			10 分	
感知课堂生活	是否熟悉项目定位与确定的方法和步骤，认同思考讨论的价值；在学习中是否能获得满足感			10 分	

续表

评价指标	评价内容	分数	分数评定
参与态度，沟通能力	积极主动与教师、同学交流，相互尊重、理解、平等；与教师、同学之间是否能够保持多向、丰富、适宜的信息交流	10分	
	能处理好合作学习和独立思考的关系，做到有效学习；能提出有意义的问题或能发表个人见解	10分	
知识、能力获得	1. 能掌握企业项目定位的构思技巧	10分	
	2. 能掌握进行项目定位的方法	10分	
	3. 能准确进行创业项目定位设计	10分	
	4. 能对项目定位进行归纳描述	10分	
思维态度	是否能发现问题、提出问题、分析问题、解决问题、创新问题	10分	
自评反馈	按时按质完成任务；较好地掌握了知识点；具有较强的信息分析能力和理解能力；具有较为全面严谨的思维能力并能条理清楚明晰表达成文	10分	
自评分数			
有益的经验和做法			
总结反馈建议			

任务工作单2

组号：_____ 姓名：_____ 学号：_____ 检索号：22310-2

小组内互评验收表

验收组长		组名		日期	年 月 日
组内验收成员					
任务要求	能掌握企业项目定位的构思技巧；能掌握进行项目定位的方法；能准确进行创业项目定位设计；能对项目定位进行归纳描述				
验收文档清单	被验收者2237-1工作任务单 被验收者2237-2工作任务单				
	文献检索清单				
验收评分	评分标准			分数	得分
	能简述企业项目定位的构思技巧，错误一处扣5分			20分	
	能说出进行项目定位的不同方法，不足一处扣5分			20分	
	能准确进行创业项目定位设计，错误一处扣5分			25分	
	能对项目定位进行归纳描述，不足扣2分			20分	
	提供文献检索清单，少于3项，缺一项扣5分			15分	
评价分数					
不足之处					

任务工作单 3

被评组号：_____　　检索号：22310-3

小组间互评表

班级		评价小组		日期	年　月　日
评价指标	评价内容			分数	分数评定
汇报表述	表述准确			15 分	
	语言流畅			10 分	
	准确反映该组完成情况			15 分	
内容正确度	项目定位内容准确			30 分	
	项目定位归纳表达到位			30 分	
	互评分数				
简要评述					

任务工作单 4

组号：_____　姓名：_____　学号：_____　检索号：22310-4

任务完成情况评价表

任务名称	项目定位及确定			总得分		
评价依据	学生完成的 2237-1、2237-2 任务工作单，完成的 2238-1、2239-1 任务工作单					
序号	任务内容及要求		配分	评分标准	教师评价	
					结论	得分
1	能掌握企业项目构思的技巧和基本途径	（1）描述正确	10 分	缺一个要点扣 1 分		
		（2）语言表达流畅	10 分	酌情赋分		
2	能掌握产生项目定位的方法	（1）描述正确	10 分	缺一个要点扣 1 分		
		（2）语言流畅	10 分	酌情赋分		
3	能准确进行创业项目定位设计	（1）思路正确	10 分	缺一个要点扣 2 分		
		（2）结构合理	10 分	酌情赋分		
4	能对项目定位进行归纳描述	（1）描述正确	10 分	缺一个要点扣 2 分		
		（2）语言流畅	10 分	酌情赋分		
5	至少包含 3 份文献的检索文献目录清单	（1）数量	5 分	每少一个扣 2 分		
		（2）参考的主要内容要点	5 分	酌情赋分		

续表

序号	任务内容及要求		配分	评分标准	教师评价	
					结论	得分
6	素质素养评价	（1）沟通交流能力	10分	酌情赋分，但违反课堂纪律，不听从组长、教师安排不得分		
		（2）团队合作				
		（3）课堂纪律				
		（4）合作探学				
		（5）自主研学				
		（6）培养创新思维意识				
		（7）培养规范、标准意识				
		（8）培养思维创新能力				
		（9）培养思维逻辑应用能力				

模块三　创业起步篇

 项目一

项目筹备

任务一　商圈与选址分析

3.1.1.1 任务描述

对小组小微创业项目进行商圈调查，对选定的第一家门店位置进行选址分析，填写商圈调查表（表3.1.1）和选址分析表（表3.1.2）。

表 3.1.1　商圈调查表

店铺所在城市：	商圈名称：		
商圈消费能力调查	商圈主要消费情况	消费人群数量估计	
		平均年龄	
		教育状况	
		消费习惯	
		收入水平/月	
		消费水平/月	

续表

店铺所在城市：		商圈名称：			
商圈竞争对手调查	商圈主要竞争品牌情况	品牌/内容			
		地点			
		面积			
		经营时间			
		产品特色			
		员工人数			
		价格水平			
		客流量/天			
		销售额/月			
		促销活动方式及内容			
		主要优势及劣势			

表 3.1.2 选址分析内容明细

选址条件	商业环境因素	城市结构因素	公共设施现状
			交通条件，包括公路、车站设施等情况
		消费结构因素	人口现状，包括人口密度、人员构成、人口布局
			人均收入、消费水平
			生活方式、消费习惯、休闲及购物倾向
		商业结构因素	商业集中化程度及趋向
			行业竞争关系
	店铺选址因素	位置条件	邻近条件，如商业情况、道路情况、交通情况
			用地条件，包括地理环境、法规条件
		相对条件	与竞争店的竞争及互补效应
		潜力条件	商圈与购买力，如购买频率、购买时间、采购距离

3.1.1.2 学习目标

1. 知识目标

（1）了解商圈的概念及商圈分析方法。
（2）掌握门店选址需要考虑的因素。

2. 能力目标

（1）能够进行商圈调查情况统计。

(2) 分析评估所在商圈的选址条件。

3. 素质素养目标
(1) 培养多方位、多角度分析的思维。
(2) 培养多层次、多维度思考问题的意识。
(3) 培养实际调查分析的能力。
(4) 培养综合分析的能力。

3.1.1.3 重难点

1. 重点
门店选址需要考虑的因素。
2. 难点
(1) 把握企业选址步骤与方法。
(2) 结合所处环境选址项目经营地址。

3.1.1.4 相关知识链接

1. 商圈的定义

所谓商圈，是指以店铺坐落点为圆心，向外延伸一定距离，以此距离为半径构成的一个圆形消费圈，即吸引消费者前来购物或接受服务的有效范围。商圈大小与店铺的经营规划、经营范围、所处地段、城市、商品信誉、交通条件等有密切关系，反映着店铺的经营辐射能力。商圈范围是店铺确定服务对象分布、商品构成、促销方法和宣传范围的主要依据。

2. 商圈分析的方法

(1) 收集、分析城市人口及经济数据。选址时，首先要做市场调查，收集城市的人口数据资料、经济收入、消费水平等，获得第一手市场资料。

(2) 评估、选择商圈。在获得第一手市场资料后，就要对数据进行分析，再实地考察该地区的主要商业范围，并划分出商圈类型。

(3) 统计、分析商圈内人口总数及特征。划分商业圈后，需详细了解目标商圈内的常住人口、流动人口数量，平均消费及目标顾客前往商圈的交通方式。

(4) 选择集客点。在确定商圈后，要找到商圈中人们的聚集区域，在每个商圈中都可能有多个集客点。在评估集客点时，要实地勘察该场所或区域是否满足消费者的需求，并就其规模作出估算和相关数据统计。

(5) 集客点评估。对所选定的集客点进行评估，看是否具有商业潜能，即考察在该地投资开店是否能赚钱。

3. 门店选址需要考虑的因素

1) 交通

对交通条件的评估主要有以下两个方面：

(1) 在开设地点或附近，是否有足够的停车场所。

(2) 商品运至商店是否容易。设在市内公共汽车站附近的商店，要分析公共车站的性质，是中途站还是终始站，是主要停车站还是一般停车站。一般来说，主要停车站客流量大，商店可以吸引的潜在顾客较多；中途站与终始站的客流量无统一规律，有的中途站多于终始站，有的终始站多于中途站。要分析

商圈选址的评估方法

市场交通管理状况所引起的有利与不利条件，如单行线街道，与人行横道距离较远都会造成客流量在一定程度上减少。

2）客流

一般客流分为三种类型：

（1）自身客流。自身客流指那些专门为购买某商品的来店顾客所形成的客流，这是商店客流的基础，是商店销售收入的主要来源，因此，新设商店在选址时，应着眼评估自身客流的大小及发展规模。

（2）分享客流。分享客流指一家商店从邻近商店形成的客流中获得的客流，这种分享客流往往产生于经营相互补充商品种类的商店之间，或大商店与小商店之间。如经营某类商品的补充商品的商店，在顾客购买了这类主商品后，就会附带到邻近补充商品商店去购买供日后进一步消费的补充商品；又如邻近大型商店的小商店，会吸引一部分专程到大商店购物的顾客顺便到毗邻的小店来。不少小商店傍大店而设，就是利用这种分享客流。

（3）派生客流。派生客流指顺路进店的顾客所形成的客流，这些顾客并非专门来店购物，在一些旅游点、交通枢纽、公共场所附近设立的商店要利用的就是派生客流。

3）竞争对手

任何品牌开店都会去关注竞争对手，包括店铺数量、分布情况、形象、面积、位置。如安踏在和竞品的竞争中靠的就是密集开店的战术对对手实行包围；美特斯邦威靠气势开大店去压倒对手。开店选址要想尽一切办法在位置和面积上去压倒对手，用品牌、差异化的产品和店铺的气势去打压对手，在位置和面积之间去权衡。

4）城市规划

商店开设地点的选择要分析城市建设的规划，既包括短期规划，又包括长期规划。有的地点从当前分析是最佳位置，但随着市场的改造和发展将会出现新的变化而不适合设店；反之，有些地点从当前来看不是理想的开设地点，但从规划前景看会成为有发展前途的新的商业中心区。因此，必须从长远考虑，在了解地区内的交通、街道、市政、绿化、公共设施、住宅及其他建设或改造项目的规划的前提下，做出最佳地点的选择。

5）地点和朝向

（1）分析街道特点：选择商店开设地点还要分析街道特点与客流规模的关系。交叉路口客流集中，能见度高，是最佳开设地点；有些街道由于两端的交通条件不同或通向地区不同，客流主要来自街道一端，表现为一端客流集中，纵深处逐渐减少的特征，这时店址宜设在客流集中的一端；还有些街道，中间地段客流规模大于两端，相应地，店址放置中间地段就更能招揽潜在顾客。

（2）朝向：南方城市尽量避免朝西向，由于太阳光照强烈，因此要防止西晒。

6）位置与面积的关系

在店铺选址时除了考虑地段外，面积也是非常重要的。理想的店铺当然是最一流的地段、双门面以上面积的店铺。

对于知名度较高的品牌，面积大于地段。一来该类品牌不需要做太多宣传，一些顾客会因为品牌而主动前来，二来面积大可以把形象做好，更有利于"大品牌"形象的树立。对于一些中小城市来讲，某些知名度较高品牌的进驻甚至会改变当地的商业街局势。因此小城市开大店这个策略应该不折不扣地贯彻下去，对于知名度一般的品牌，地段大于面积。这一类品牌需要大量的人流来接触到这个品牌、认识这个品牌。

新址商圈调查及评估分析报告表

3.1.1.5 素质素养养成

在商圈调查和选址分析评估中，要将精益求精的工匠精神、专业精神、职业精神与专业知识、技能相结合，理论与实践交融，知行合一。

3.1.1.6 任务分组

学生任务分组表如表 3.1.3 所示。

表 3.1.3　学生任务分组表

班级		组号		指导教师	
组长		学号			
组员	姓名		学号	姓名	学号
任务分工					

3.1.1.7 自主探究

任务工作单 1

组号：_____　姓名：_____　学号：_____　检索号：　3117-1

引导问题：

（1）查阅文献，简述商圈的概念及商圈分析内容；

_____

（2）谈谈门店选址需要考虑的因素。

_____

项目视野：

下面以小微创业项目采食屋的门店商圈调查统计表和选址分析为例，如表 3.1.4、表 3.1.5 所示。

表 3.1.4 采食屋商圈调查统计表

店铺所在城市			城市类别		
消费能力调查	商圈主要情况	消费数量估计	70 杯/天		
		平均年龄	20~25 岁		
		教育状况	专科及以上		
		消费习惯	10~15 元/杯		
		收入水平/月	5 000 元及以上		
竞争对手调查	主要竞争品牌	品牌/内容	书亦	益和堂	蜜雪冰城
		地点	校门口	校门口	校门口
		面积	72 m²	81.3 m²	51.2 m²
		经营时间	9:00—21:00	9:00—21:00	9:00—21:00
		产品特色	奶茶	果茶	奶茶、冰激凌
		员工人数	2	3	2
		价格水平	16	15	10
		客流量/天	50	60	83
		促销活动方式及内容	爆款打造	折扣	优惠活动

表 3.1.5 采食屋选址分析表

选址条件			
选址条件	商业环境因素	城市结构因素	公共设施良好
			交通区位良好、交通条件良好、K6 快速公交直达
		消费结构因素	消费主体是师生群体及附近居民
			以教师收入为例，平均收入为 5 000 元/月
			喜好休闲放松
	店铺选址因素	商业结构因素	商业集中化程度较弱
			书亦、益和堂、蜜雪冰城
		位置条件	商业集聚、区位良好
			学校用地，学校政策支持
		相对条件	多元化的产品满足消费者需求
		潜力条件	学校内部商业、购买距离相对比较近

任务工作单 2

组号：＿＿＿＿＿　姓名：＿＿＿＿＿　学号：＿＿＿＿＿　检索号：＿3117-2＿

引导问题：

（1）参考上述案例的商圈分析内容，完成小组小微创业项目的商圈调查表，如表 3.1.6 所示。

表 3.1.6　商圈调查表

店铺所在城市：			商圈名称：			
商圈消费能力调查	商圈主要消费情况	消费人群数量估计				
		平均年龄				
		教育状况				
		消费习惯				
		收入水平/月				
		消费水平/月				
商圈竞争对手调查	商圈主要竞争品牌情况	品牌/内容				
		地点				
		面积				
		经营时间				
		产品特色				
		员工人数				
		价格水平				
		客流量/天				
		销售额/月				
		促销活动方式及内容				
		主要优势及劣势				

（2）参考上述案例，完成本小组小微创业项目选址分析表，如表 3.1.7 所示。

表 3.1.7　选址分析表

选址条件	商业环境因素	城市结构因素	公共设施现状
		消费结构因素	
		商业结构因素	
	店铺选址因素	位置条件	
		相对条件	
		潜力条件	

3.1.1.8 合作研学

任务工作单 1

组号：_____ 姓名：_____ 学号：_____ 检索号：__3118-1__

引导问题：

（1）小组交流讨论，教师参与，形成正确的选址分析表，如表 3.1.8 所示。

表 3.1.8 选址分析表

选址条件	商业环境因素	城市结构因素	公共设施现状
		消费结构因素	
		商业结构因素	
	店铺选址因素	位置条件	
		相对条件	
		潜力条件	

（2）记录自己存在的不足。

_____

_____

3.1.1.9 展示赏学

任务工作单 1

组号：_____ 姓名：_____ 学号：_____ 检索号：__3119-1__

引导问题：

（1）每小组推荐一位小组长，汇报商圈调查统计表，借鉴每组经验，进一步优化本组门店选址分析表，如表 3.1.9 所示。

表 3.1.9 选址分析表

选址条件	商业环境因素	城市结构因素	公共设施现状
		消费结构因素	
		商业结构因素	
	店铺选址因素	位置条件	
		相对条件	
		潜力条件	

（2）检讨自己的不足。

3.1.1.10 评价反馈

任务工作单 1

组号：_____ 姓名：_____ 学号：_____ 检索号：__31110-1__

个人自评表

班级		组名		日期	年 月 日
评价指标	评价内容			分数	分数评定
信息收集能力	能有效利用网络、图书资源查找有用的相关信息等；能将查到的信息有效地传递到学习中			10分	
感知课堂生活	是否熟悉商圈选址的步骤，认同调查研究的价值；在学习中是否能获得满足感			10分	
参与态度，沟通能力	积极主动与教师、同学交流，相互尊重、理解、平等；与教师、同学之间是否能够保持多向、丰富、适宜的信息交流			10分	
	能处理好合作学习和独立思考的关系，做到有效学习；能提出有意义的问题或能发表个人见解			10分	
知识、能力获得	1. 能够掌握商圈的概念及商圈的分析方法			10分	
	2. 能掌握门店选址需要考虑的因素			10分	
	3. 能绘制本小组小微创业项目的商圈调查表			10分	
	4. 能评估所在商圈的选址条件			10分	
思维态度	是否能发现问题、提出问题、分析问题、解决问题、创新问题			10分	
自评反馈	按时按质完成任务；较好地掌握了知识点；具有较强的信息分析能力和理解能力；具有较为全面严谨的思维能力并能条理清楚明晰表达成文			10分	
	自评分数				
有益的经验和做法					
总结反馈建议					

任务工作单 2

组号：_____ 姓名：_____ 学号：_____ 检索号：<u>31110-2</u>

小组内互评验收表

验收组长		组名		日期	年　月　日
组内验收成员					
任务要求	能掌握商圈的概念及商圈的分析方法；能掌握门店选址需要考虑的因素；能绘制本小组小微创业项目的商圈调查统计表；能评估所在商圈的选址条件				
验收文档清单	被验收者3117-1工作任务单 被验收者3117-2工作任务单				
	文献检索清单				
验收评分	评分标准			分数	得分
	能说出商圈的概念及商圈的分析方法，错误一处扣5分			20分	
	能说出门店选址需要考虑的因素，错误一处扣5分			20分	
	能绘制本小组所构思创业项目的商圈调查统计表，元素过多或不足，一处扣5分			25分	
	能评估所在商圈的选址条件，错误一处扣2分			20分	
	提供文献检索清单，少于3项，缺一项扣5分			15分	
	评价分数				
不足之处					

任务工作单 3

被评组号：_____ 检索号：<u>31110-3</u>

小组间互评表

班级		评价小组		日期	年　月　日
评价指标	评价内容			分数	分数评定
汇报表述	表述准确			15分	
	语言流畅			10分	
	准确反映该组完成情况			15分	
内容正确度	调查内容充实完整			30分	
	选址分析准确到位			30分	
	互评分数				
简要评述					

任务工作单4

组号：_____ 姓名：_____ 学号：_____ 检索号：__31110-4__

任务完成情况评价表

任务名称		商圈与选址分析			总得分	
评价依据		学生完成的3117-1、3117-2任务工作单，完成的3118-1、3119-1任务工作单				
序号	任务内容及要求		配分	评分标准	教师评价	
					结论	得分
1	能简述商圈的概念及商圈的分析方法	（1）描述正确	10分	缺一个要点扣1分		
		（2）语言表达流畅	10分	酌情赋分		
2	能说出门店选址需要考虑的因素	（1）描述正确	10分	缺一个要点扣1分		
		（2）语言流畅	10分	酌情赋分		
3	能绘制本小组所构思创业项目的商圈调查统计表	（1）思路正确	10分	缺一个要点扣2分		
		（2）结构合理	10分	酌情赋分		
4	能评估所在商圈的选址条件	（1）描述正确	10分	缺一个要点扣2分		
		（2）语言流畅	10分	酌情赋分		
5	至少包含3份文献的检索文献目录清单	（1）数量	5分	每少一个扣2分		
		（2）参考的主要内容要点	5分	酌情赋分		
6	素质素养评价	（1）沟通交流能力 （2）团队合作 （3）课堂纪律 （4）合作探学 （5）自主研学 （6）培养多方位、多角度分析的思维能力 （7）培养多层次、多维度思考问题的意识 （8）培养实际调查分析能力 （9）培养综合分析的能力	10分	酌情赋分，但违反课堂纪律，不听从组长、教师安排不得分		

任务二 工商登记注册

3.1.2.1 任务描述

按下面步骤和内容,梳理本组小微企业创业项目工商登记注册的流程及细节、材料,如表 3.1.10 所示。

表 3.1.10 工商登记注册的流程及细节、材料

步骤	材料准备	办理单位
核准名称	确定公司类型、名字、注册资本、股东及出资比例	工商局现场或线上提交
提交资料	确认地址信息、高管信息、经营范围,在线提交预申请	预约时间去工商局
领取执照	准予设立登记通知书、办理人身份证原件	工商局领取营业执照
刻章事项	公司公章、财务章、合同章、法人代表章、发票章	公安局指定刻章点办理

3.1.2.2 学习目标

1. 知识目标

(1) 了解不同法律形式企业工商登记的条件。

(2) 掌握不同法律形式企业工商登记的一般流程。

2. 能力目标

(1) 能够判断企业工商登记的条件。

(2) 能够按流程进行小微企业工商登记注册。

3. 素质素养目标

(1) 培养法律规范思维意识。

(2) 培养规范、标准意识。

(3) 培养规划操作能力。

(4) 培养信息表达和沟通能力。

3.1.2.3 重难点

1. 重点

各种法律形式企业工商登记条件。

2. 难点

(1) 掌握企业工商登记注册。

(2) 准确进行企业信息的描述分析。

3.1.2.4 相关知识链接

1. 企业名称预先核准登记

1) 企业名称的概念

企业名称即企业的名字、字号,是企业区别于其他企业或其他社会组织、被社会识别的标志。

2) 企业名称的组成

不同企业起名的注意事项

企业名称应当由以下部分依次组成:企业所在地行政区域的名称、字号(商号)、可行业或者经营特点、组织形式。

(1) 企业所在地行政区域的名称:企业名称应当冠以企业所在地省(包括自治区、直辖市)或者市(包括州)或者县(包括市辖区)行政区划名称。

(2) 可以申请在企业名称中使用"中国""中华"或者冠以"国际"字词的公司包括:全国性公司;国务院或其授权的机关批准的大型进出口企业;国务院或者授权的机关批准的大型企业集团;国家工商行政管理局规定的其他企业。

(3) 字号:字号是企业名称的核心内容,是企业名称中当事人唯一可以自由选择的部分。字号应当由两个以上的字组成。私营企业可以使用投资人姓名作字号。

(4) 行业或者经营特点:企业应当根据其主营业务,依照国家行业分类标准划分的类别,在企业名称中标明所属行业或者经营特点。

(5) 组织形式:企业应当标明组织结构或者责任形式,所标明的组织形式必须明确易懂。

3) 企业名称预先核准登记手续

(1) 申请名称预先核准登记,凡文件、证件齐全,工商行政管理机关在受理后完成对申请名称的核准或核驳手续。

(2) 登记管辖:工商行政管理机关对企业名称实行分级登记管理。

(3) 名称预先核准登记一般要经过以下步骤:

第一步:咨询后领取并填写《名称预先核准申请书》《指定(委托)书》,同时准备相关材料。第二步:递交名称登记材料,领取《名称登记受理通知书》,等待名称核准结果。第三步:按《名称登记受理通知书》确定的日期领取《企业名称预先核准通知书》。

2. 工商登记

1) 工商登记的定义

工商登记是政府在对申请人进入市场的条件进行审查的基础上,通过注册登记确认申请者从事市场经营活动的资格,使其获得实际营业权的各项活动的总称。

2) 各种组织形式企业工商登记流程

(1) 个体工商户工商登记流程。

①申请人提交开业申请材料,申请材料齐全、符合法定形式的予以受理;申请材料不齐全或不符合法定形式的退回补正材料。

②受理的,发放受理通知书;不予受理的,发放不予受理通知书。

③审核不通过的,发放不予核准通知书。

④审核通过后赋统一社会信用代码。

⑤赋码后,打印核准通知书。

⑥向税务机关传输开业信息,并向质检部门传输相关信息。

⑦进行双告知。

⑧打印营业执照并向申请人发照。

（2）个人独资企业工商登记流程，如图 3.1.1 所示。

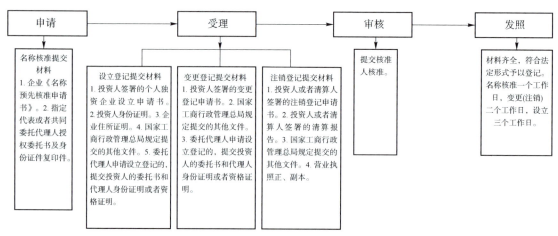

图 3.1.1　个人独资企业工商登记流程

（3）合伙企业工商登记流程。

①申请，由全体合伙人指定的代表或者共同委托的代理人向企业登记机关申请设立登记。

②受理、审查和决定。申请人提交的登记申请材料齐全、符合法定形式，企业登记机关能够当场登记的，应予当场登记，发给合伙企业营业执照。

公司制企业的工商注册与登记流程

3.1.2.5　素质素养养成

在创业项目工商登记注册环节，始终以相关经济法律法规制度为导向，依法办事，把握经济活动需遵循法律法规的基本准绳。

3.1.2.6　任务分组

学生任务分组表如表 3.1.11 所示。

表 3.1.11　学生任务分组表

班级		组号		指导教师	
组长		学号			
组员	姓名		学号	姓名	学号
任务分工					

3.1.2.7 自主探究

任务工作单 1

组号：_____ 姓名：_____ 学号：_____ 检索号：__3127-1__

引导问题：

（1）查阅文献，简述各种法律形式企业工商登记的条件。

_____

_____

（2）总结工商登记的一般流程。

_____

_____

任务工作单 2

组号：_____ 姓名：_____ 学号：_____ 检索号：__3127-2__

引导问题：

（1）完成小组小微创业项目的工商登记注册流程及明细表如表3.1.12所示。

表 3.1.12　工商登记注册流程及明细表

步骤	材料准备	办理单位	结果
核准名称 1~3个工作日			
提交资料 5~15个工作日			
领取执照 预约当天			
刻章事项 1~2个工作日			

（2）谈谈本小组项目工商登记注册过程中需要注意的事项。

_____

_____

3.1.2.8 合作研学

任务工作单 1

组号：_____ 姓名：_____ 学号：_____ 检索号：__3128-1__

引导问题：

（1）小组交流讨论，教师参与，形成正确的工商登记注册流程及明细表如表3.1.13所示。

表 3.1.13　工商登记注册流程及明细表

步骤	材料准备	办理单位	结果
核准名称 1~3 个工作日			
提交资料 5~15 个工作日			
领取执照 预约当天			
刻章事项 1~2 个工作日			

（2）记录自己存在的不足。

_____

_____

3.1.2.9 展示赏学

任务工作单 1

组号：_____　姓名：_____　学号：_____　检索号：　3129-1

引导问题：

（1）每小组推荐一位小组长，汇报工商注册登记事宜，借鉴每组经验进一步优化工商登记注册流程及明细表如表 3.1.14 所示。

表 3.1.14　工商登记注册流程及明细表

步骤	材料准备	办理单位	结果
核准名称 1~3 个工作日			
提交资料 5~15 个工作日			
领取执照 预约当天			
刻章事项 1~2 个工作日			

（2）检讨自己的不足。

_____

_____

3.1.2.10 评价反馈

任务工作单1

组号：_____ 姓名：_____ 学号：_____ 检索号：31210-1

个人自评表

班级		组名		日期	年　月　日
评价指标	评价内容			分数	分数评定
信息收集能力	能有效利用网络、图书资源查找有用的相关信息等；能将查到的信息有效地传递到学习中			10分	
感知课堂生活	是否熟悉工商注册登记的步骤，认同逻辑分析的价值；在学习中是否能获得满足感			10分	
参与态度，沟通能力	积极主动与教师、同学交流，相互尊重、理解、平等；与教师、同学之间是否能够保持多向、丰富、适宜的信息交流			10分	
	能处理好合作学习和独立思考的关系，做到有效学习；能提出有意义的问题或能发表个人见解			10分	
知识、能力获得	1. 能掌握各种法律形式企业工商登记的条件			10分	
	2. 能掌握企业工商登记的一般流程			10分	
	3. 能设计绘制本小组小微创业项目的工商登记注册流程			10分	
	4. 能描述企业信息表基本信息、经营范围			10分	
思维态度	是否能发现问题、提出问题、分析问题、解决问题、创新问题			10分	
自评反馈	按时按质完成任务；较好地掌握了知识点；具有较强的信息分析能力和理解能力；具有较为全面严谨的思维能力并能条理清楚明晰表达成文			10分	
自评分数					
有益的经验和做法					
总结反馈建议					

任务工作单 2

组号：_____ 姓名：_____ 学号：_____ 检索号：__31210-2__

小组内互评验收表

验收组长		组名		日期	年 月 日
组内验收成员					
任务要求	各种法律形式企业工商登记的条件；企业工商登记的一般流程；绘制本小组小微创业项目的工商登记注册流程；描述企业信息表内容				
验收文档清单	被验收者 3127-1 工作任务单 被验收者 3127-2 工作任务单				
	文献检索清单				
验收评分	评分标准			分数	得分
	能简述各种法律形式企业工商登记的条件，错误一处扣 5 分			20 分	
	能说出企业工商登记的一般流程，错误一处扣 5 分			20 分	
	能绘制本小组所构思创业项目的工商登记注册流程，过多或不足，一处扣 5 分			25 分	
	能描述企业信息表基本信息，错误一处扣 2 分			20 分	
	提供文献检索清单，少于 3 项，缺一项扣 5 分			15 分	
	评价分数				
不足之处					

任务工作单 3

被评组号：_____ 检索号：__31210-3__

小组间互评表

班级		评价小组		日期	年 月 日
评价指标	评价内容			分数	分数评定
汇报表述	表述准确			15 分	
	语言流畅			10 分	
	准确反映该组完成情况			15 分	
内容正确度	登记流程表述内容正确			30 分	
	项目基本信息描述到位			30 分	
	互评分数				
简要评述					

任务工作单 4

组号：_____ 姓名：_____ 学号：_____ 检索号：31210-4

任务完成情况评价表

任务名称	工商登记注册				总得分	
评价依据	学生完成的 3127-1、3127-2 任务工作单，完成的 3128-1、3129-1 任务工作单					
序号	任务内容及要求		配分	评分标准	教师评价	
					结论	得分
1	能简述各种法律形式企业工商登记的条件	（1）描述正确	10 分	缺一个要点扣 1 分		
		（2）语言表达流畅	10 分	酌情赋分		
2	能说出企业工商登记的一般流程	（1）描述正确	10 分	缺一个要点扣 1 分		
		（2）语言流畅	10 分	酌情赋分		
3	能绘制本小组所构思创业项目的工商注册登记流程	（1）思路正确	10 分	缺一个要点扣 2 分		
		（2）结构合理	10 分	酌情赋分		
4	能描述企业信息表基本信息	（1）描述正确	10 分	缺一个要点扣 2 分		
		（2）语言流畅	10 分	酌情赋分		
5	至少包含 3 份文献的检索文献目录清单	（1）数量	5 分	每少一个扣 2 分		
		（2）参考的主要内容要点	5 分	酌情赋分		
6	素质素养评价	（1）沟通交流能力 （2）团队合作 （3）课堂纪律 （4）合作探学 （5）自主研学 （6）培养法律规范思维意识 （7）培养规范、标准意识 （8）培养规划操作能力 （9）培养信息表达和沟通能力	10 分	酌情赋分，但违反课堂纪律，不听从组长、教师安排不得分		

任务三　VI 视觉设计

3.1.3.1 任务描述

结合本组小微企业创业项目的定位及特色，进行项目 VI 设计，填写设计表内容，如表 3.1.15 所示。

表 3.1.15　创业项目 VI 设计表

VI 内容	设计展示
企业名称	
企业标志	
标准字体	
标准色	
场景应用	

3.1.3.2 学习目标

1. 知识目标
（1）掌握品牌 VI 设计内容及原则。
（2）掌握品牌 VI 设计流程。

2. 能力目标
（1）能进行简单的 VI 内容设计。
（2）能进行品牌 VI 中的 logo 设计及内涵说明。

3. 素质素养目标
（1）培养自我学习、不断创新的能力。
（2）培养良好的职业道德。
（3）培养一丝不苟、精益求精的"工匠精神"。
（4）培养文化自信，传承中华民族优秀传统文化。

3.1.3.3 重难点

1. 重点
品牌 VI 设计内容及原则。

2. 难点
（1）合理进行品牌 VI 的主要内容设计。
（2）准确进行品牌 VI 设计要素的描述。

3.1.3.4 相关知识链接

1. VI（Visual Identity）的概念

VI 全称 Visual Identity，顾名思义 VI 即视觉识别系统，是 CIS 系统最具传播力和感染力的部分。即企业 VI 视觉设计，通译为视觉识别系统是将 CI 的非可视内容转化为静态的视觉识别符号。设计到位、实施科学的视觉识别系统是传播企业经营理念、建立企业知名度、塑造企业形象的快速便捷之途。企业通过 VI 设计，对内可以征得员工的认同感、归属感，加强企业凝聚力，对外可以树立企业的整体形象，资源整合，有控制地将企业的信息传达给受众，通过视觉符码，不断强化受众的意识，从而获得认同。VI 为企业 CIS 中的一部分，企业 CI 包含三个方面。通常将 CIS 的非可视内容转化为静态的视觉识别符号。

CIS 以无比丰富多样的应用形式，在最为广泛的层面上，进行最直接的传播。VI 设计应具有强烈的视觉冲击力，且形式完美、装饰性强、创意独特，使人赏心悦目，让人们在愉悦中牢记其品牌含义。具有审美价值的 VI 设计，更能贴近人们的生活，有强烈的亲和力，让人们喜欢、耐看、易认、易记。VI 设计在品牌时代广泛应用于各种传播媒体，它能有效引导大众的审美观念，领导视觉艺术的时尚潮流。

2. VI 设计的基本原则

VI 设计是以 MI 为内涵的生动表述，多角度、全方位地反映企业的经营理念。
（1）风格的统一性原则。
（2）强化视觉冲击的原则。
（3）强调人性化的原则。
（4）增强民族个性与尊重民族风俗的原则。
（5）可实施性原则，具有较强的可实施性。
（6）符合审美规律的原则。
（7）严格管理的原则。

3. VI 视觉设计的构成

企业 VI 视觉识别的 4 个核心要素：名称、标志、标准字和标准色。

1）企业名称设计

其一，名实相符。在确定企业名称时，坚持实事求是、名实相符，较好地传达企业实态。企业名称不但要与企业规模、经营范围等相一致，而且必须与企业目标、企业宗旨、企业精神、企业道德、企业风气等相协调，切不可好大自夸、哗众取宠。其二，个性。企业名称是构成企业的基本元素，是企业重要的无形资产，是一家企业区别于其他企业的根本标志。其三，民族性。中国企业置身于民族文化的土壤，并从中获得发展的强大动力，因此，设计企业名称应充分体现民族特点。其四，简易。企业名称一般不宜太长，否则人们不易记忆，企业名称要求简洁、易读、易记，而且符合人们的阅读习惯。

2）企业标志设计

企业标志是企业的文字名称、图案或文字图案相结合的一种平面设计。标志是企业整体形象的浓缩和集中表现，是企业目标、企业哲学、企业精神等的凝聚和载体。企业标志的重要功能是传达企业信息，即通过企业标志让社会公众产生对企业的印象和认知。企业标志一般运用在企业广告、产品及其包装、旗帜、服装及各种公共关系用品中。

VI 设计的细节
流程及技巧

3）企业标准字设计

标准字是指企业名称或品牌名称经过特殊设计后确定下来规范化平面（立

体）表达形式。标准字一旦确定，一般不得随意改动，企业要在各种正式场合和传播媒介中广泛使用。

4）企业标准色设计

企业标准色是指经过设计后被选定的代表企业形象的特定色彩。常常与企业标志、标准字等配合使用，被广泛应用于企业广告、包装、建筑、服饰及其他公共用品中。

3.1.3.5 素质素养养成

在进行创业项目 VI 视觉系统设计中，注重将品牌诉求与中国传统文化、消费者审美文化相结合。

3.1.3.6 任务分组

学生任务分组表如表 3.1.16 所示。

表 3.1.16 学生任务分组表

班级			组号		指导教师	
组长			学号			
组员	姓名		学号	姓名		学号
任务分工						

3.1.3.7 主探究

任务工作单 1

组号：_____ 姓名：_____ 学号：_____ 检索号：__3137-1__

引导问题：

（1）查阅文献，简述品牌 VI 设计的内容及原则。

_____

_____

（2）谈谈 VI 设计流程。

_____

_____

项目视野：

下面以小微创业项目采食屋的门店 VI 视觉设计为例，如表 3.1.17 所示。

表 3.1.17 采食屋门店 VI 视觉设计描述表

VI 内容	设计展示
名称名称	采食屋
创意点	以"采"为点，表达食物的品质
标志设计	用项目名字首字，突出项目特点
宣传口号	每天都有新鲜感
标准色	绿色为主，突出新鲜的特色

采食屋 VI 设计展示，如图 3.1.2 所示。

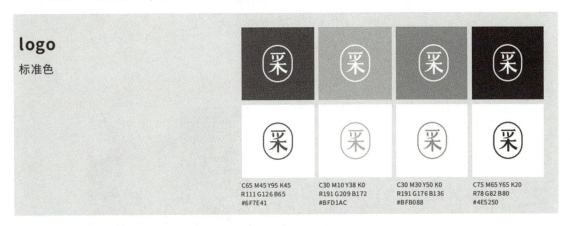

图 3.1.2 采食屋 VI 设计展示

店铺名片

宣传页规范

塑料手提袋

260mm×440mm

图 3.1.2　采食屋 VI 设计展示（续）

任务工作单 2

组号：_____ 姓名：_____ 学号：_____ 检索号：__3137-2__

引导问题：

（1）参考上面案例 VI 视觉设计，完成本组创业项目 VI 视觉设计表，如表 3.1.18 所示。

表 3.1.18　创业项目 VI 视觉设计表

VI 内容	设计展示
企业名称	
企业标志	
标准字	
标准色	
场景应用	

（2）参考上面案例的 VI 视觉设计，完成小组小微创业项目的 logo 设计，并说明其品牌内涵。

_____

_____

3.1.3.8　合作研学

任务工作单 1

组号：_____ 姓名：_____ 学号：_____ 检索号：__3138-1__

引导问题：

（1）小组交流讨论，教师参与，形成优化的 VI 视觉设计表，如表 3.1.19 所示。

表 3.1.19　创业项目 VI 视觉设计表

VI 内容	设计展示
企业名称	
企业标志	
标准字	
标准色	
场景应用	

（2）修改本小组小微创业项目的 logo 设计及品牌内涵。

_____

（3）记录自己存在的不足。

_____

3.1.3.9 展示赏学

任务工作单1

组号：_____ 姓名：_____ 学号：_____ 检索号：__3139-1__

引导问题：

（1）每小组推荐一位小组长，汇报 VI 视觉设计的描述流程方案，借鉴每组经验，进一步完善 VI 视觉设计表，如表 3.1.20 所示。

表 3.1.20　创业项目 VI 视觉设计表

VI 内容	设计展示
企业名称	
企业标志	
标准字	
标准色	
场景应用	

（2）完善并最终确定小组小微创业项目的 logo 设计及品牌内涵说明。
_____
_____

（3）检讨自己的不足。
_____
_____

3.1.3.10 评价反馈

任务工作单1

组号：_____ 姓名：_____ 学号：_____ 检索号：__31310-1__

个人自评表

班级		组名		日期	年　月　日
评价指标	评价内容			分数	分数评定
信息收集能力	能有效利用网络、图书资源查找有用的相关信息等；能将查到的信息有效地传递到学习中			10 分	
感知课堂生活	是否熟悉 VI 设计的步骤，认同步骤流程的价值；在学习中是否能获得满足感			10 分	
参与态度，沟通能力	积极主动与教师、同学交流，相互尊重、理解、平等；与教师、同学之间是否能够保持多向、丰富、适宜的信息交流			10 分	
	能处理好合作学习和独立思考的关系，做到有效学习；能提出有意义的问题或能发表个人见解			10 分	

续表

评价指标	评价内容	分数	分数评定
知识、能力获得	1. 能掌握品牌 VI 设计的内容及原则	10 分	
	2. 能掌握品牌 VI 设计流程	10 分	
	3. 能设计本小组小微创业项目的主要 VI 内容	10 分	
	4. 能进行品牌 VI 中的 logo 设计	10 分	
思维态度	是否能发现问题、提出问题、分析问题、解决问题、创新问题	10 分	
自评反馈	按时按质完成任务；较好地掌握了知识点；具有较强的信息分析能力和理解能力；具有较为全面严谨的思维能力并能条理清楚明晰表达成文	10 分	
自评分数			
有益的经验和做法			
总结反馈建议			

任务工作单 2

组号：_____ 姓名：_____ 学号：_____ 检索号：__31310-2__

小组内互评验收表

验收组长		组名		日期	年 月 日
组内验收成员					
任务要求	简述品牌 VI 设计的内容及原则；谈谈品牌 VI 设计流程；能进行简单的 VI 内容设计；能进行品牌 VI 中的 logo 设计及内涵说明				
验收文档清单	被验收者 3137-1 工作任务单 被验收者 3137-2 工作任务单 文献检索清单				
验收评分	评分标准		分数		得分
	简述品牌 VI 设计的内容及原则，错误一处扣 5 分		20 分		
	能说出品牌 VI 设计流程，错误一处扣 5 分		20 分		
	能绘制本小组所构思创业项目的主要 VI 内容设计，不足一处扣 5 分		25 分		
	能进行品牌 VI 中的 logo 设计及内涵说明，错误一处扣 2 分		20 分		
	提供文献检索清单，少于 3 项，缺一项扣 5 分		15 分		
评价分数					
不足之处					

任务工作单 3

被评组号：_____　**检索号：** 31310-3

小组间互评表

班级		评价小组		日期	年　月　日
评价指标	评价内容			分数	分数评定
汇报表述	表述准确			15 分	
	语言流畅			10 分	
	准确反映该组完成情况			15 分	
内容正确度	VI 内容设计与项目契合度较高			30 分	
	logo 设计能展示品牌内涵			30 分	
	互评分数				
简要评述					

任务工作单 4

组号：_____　**姓名：**_____　**学号：**_____　**检索号：** 31310-4

任务完成情况评价表

任务名称	VI 视觉设计			总得分	
评价依据	学生完成的 3137-1、3137-2 任务工作单，完成的 3138-1、3139-1 任务工作单				
序号	任务内容及要求		配分	评分标准	教师评价
					结论　得分
1	能简述品牌 VI 设计的内容及原则	（1）描述正确	10 分	缺一个要点扣 1 分	
		（2）语言表达流畅	10 分	酌情赋分	
2	能说出品牌 VI 设计流程	（1）描述正确	10 分	缺一个要点扣 1 分	
		（2）语言流畅	10 分	酌情赋分	
3	能进行简单的 VI 内容设计	（1）思路正确	10 分	缺一个要点扣 2 分	
		（2）结构合理	10 分	酌情赋分	
4	能进行品牌 VI 中的 logo 设计及内涵说明	（1）描述正确	10 分	缺一个要点扣 2 分	
		（2）语言流畅	10 分	酌情赋分	
5	至少包含 3 份文献的检索文献目录清单	（1）数量	5 分	每少一个扣 2 分	
		（2）参考的主要内容要点	5 分	酌情赋分	

续表

序号	任务内容及要求		配分	评分标准	教师评价	
					结论	得分
6	素质素养评价	（1）沟通交流能力	10分	酌情赋分，但违反课堂纪律，不听从组长、教师安排不得分		
		（2）团队合作				
		（3）课堂纪律				
		（4）合作探学				
		（5）自主研学				
		（6）培养自我学习、不断创新的能力				
		（7）培养良好的职业道德				
		（8）培养一丝不苟、精益求精的"工匠精神"				
		（9）培养文化自信，传承中华民族优秀传统文化				

项目二

项目资源配置

任务一　组织结构搭建

3.2.1.1 任务描述

结合本小组小微企业创业项目情况及需求，进行项目门店运营组织结构搭建和职位描述，填写项目组织结构图（图 3.2.1）及职位说明表（表 3.2.1）。

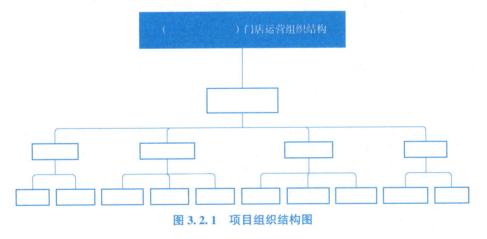

图 3.2.1　项目组织结构图

表 3.2.1　（　　　）门店运营职位说明表

岗位	人数	职责描述	任务要求

3.2.1.2 学习目标

1. 知识目标
（1）掌握组织与组织结构设计的概念。
（2）掌握组织结构设计的步骤、原则与类型。

2. 能力目标
（1）能根据组织资源或需求进行组织结构的设计。
（2）能进行组织结构内部各职位的职责描述。

3. 素质素养目标
（1）培养全局观及全方位、多角度分析问题的意识。
（2）培养规范、标准意识。
（3）培养分工协作的合作意识。
（4）培养语言表达和沟通能力。

3.2.1.3 重难点

1. 重点
组织结构的设计与搭建。

2. 难点
（1）合理设计组织结构。
（2）准确进行组织内部各职位描述。

3.2.1.4 相关知识链接

1. 组织的定义

组织的定义有很多，人们对组织的认识仍处于不断深入的过程中，随着人类实践的向前发展，人们的认识还会进一步演变和深化，但是这并不妨碍人们对组织的理解。站在管理学的角度，可以从静态和动态两个方面来理解组织的含义。

从静态来讲，组织是一个名词，代表一个实体。组织就是指人们为实现一定的目标，互相协作结合而成的集体或团体，如党团组织、工会组织、军事组织、学校、医院、企业、政府机构等都是静态的组织实体。

从动态来讲，组织是一个动词，是有目的地安排人或事物使之具有一定的系统性或整体性，是管理的一项职能，即组织活动和组织工作，即人们组成的集体或团体为了达到目标而创建组织结构，为适应环境的变化而维持或变革组织结构并使之发挥作用的活动过程。

综合多方面的分析，我们认为：组织是指在一定的社会环境和历史条件下，人们为了达到共同目标，通过责权分配和结构设置而相互协作所构成的一个完整的有机体。

2. 组织结构设计的含义

组织结构设计是指管理者将组织内各要素进行合理组合，建立和实施一种特定组织结构的过程。组织设计作为有效管理的重要手段，是在组织目标已经确定的情况下，将实现组织目标所需进行的各项业务活动加以分类组合，并根据有效管理幅度原则，划分出不同的管理层次和部门，将监管各类活动所必需的职权授予各层次、各部门的管理人员，以及规定这些层次和部门间的相互配

组织结构设计
的原则

合关系。

组织结构设计的目的就是要通过建立一个适于组织成员相互合作、发挥各自才能的良好环境，使组织成员都能在各自的岗位上为组织目标的实现作出应有的贡献。

3. 组织结构设计的步骤

（1）确立组织目标。通过收集分析资料进行设计前的评估以确定组织目标。

（2）划分业务工作。对组织目标进行分解，根据组织的工作内容和性质以及工作之间的联系，将组织活动组合成具体部门的作业或管理单位，并确定其业务范围和工作量。

（3）形成组织结构的基本框架。按组织设计要求决定组织的层次及部门结构，形成层次化的组织管理系统。

（4）确定职责和权限。明确规定各层次各部门以及每一职位的权限、责任，一般用职位说明书或岗位职责等文件形式表达。

（5）人员配备。按职务、岗位及技能要求，选择配备恰当的管理人员和员工。

（6）形成组织结构。对组织设计进行审查、评价及修改，通过职权关系和信息系统，把各层次、各部门联结成为一个有机的整体，确定组织结构及组织运作程序并颁布实施。

4. 组织结构设计的类型

1）组织的横向结构设计

组织的横向结构设计主要指的是部门化。随着组织规模的扩大和生产经营活动的复杂化、高级化，组织业务活动种类越来越多，所涉及的专业领域越来越广。因此，为了提高工作效率，管理者就必须在劳动分工的基础上把各项活动进行归类，使性质相同或相似的工作合并到一起组成单位，这样便形成了一个个专业化的部门，如任务组、部门、科室等。

部门是指组织中主管人员为完成规定的任务有权管辖的一个特殊领域。部门化是指将工作和人员组合成可以管理的单位的过程。划分部门的目的是以此来明确职权和责任归属，以求分工合理，职责分明，并有利于各部门根据其工作性质的不同而采取不同的政策，加强本部门的内部协调。

主要的组织结构类型

2）组织的纵向结构设计

组织的纵向结构设计，就是确定管理幅度，划分管理层次。

第一，确定管理幅度。管理幅度也称管理宽度，是指一名主管人员有效地直接管理下级人员的数目。一般而言，上级管理的下级人员多，称之为管理幅度大；反之，称之为管理幅度小。如一个公司经理能领导几个营业部长，一个营业部长能管理多少人等。由于管理者的时间和精力是有限的，其管理能力也因个人的知识、经验、年龄、个性等的不同而有所差异，因而任何管理者的管理幅度都有一定的限度，超过一定限度，就不能做到具体、高效、正确的领导。

第二，划分管理层次。管理层次的多少与管理幅度的大小密切相关。在一个部门的人员数量一定的情况下，一个管理者能直接管理的下属人数越多，那么该部门内的管理层次也就越少，所需要的管理人员也越少；反之，所需要的管理人员就越多，相应的管理层次也越多。

3.2.1.5 素质素养养成

（1）在组织结构的设计搭建中，要考虑组织各要素并进行合理组合，对组织框架进行全面深入的思考，不同架构的组织搭建要树立全局观进行分析，要养成全方位、多角度全面的思考。

（2）在进行组织构建方法的学习中，要有讲原则、守规矩的意识，要养成遵守行业标准和掌握行业规范的职业道德素养。

（3）在根据组织要素及需求进行组织结构的设计学习过程中，以项目引领，通过分组的形式进行协同交流，树立分工协作的精神，养成团队合作意识。

（4）在进行组织结构内部各岗位的职责描述过程中，陈述组织构架的各部分要素中，同学们一定要养成语言表达能力，增强表达方面的相关素养和意识，形成良好的沟通能力，以期达到身临其境般的感受、认知、领会、掌握、运用的效果。

3.2.1.6 任务分组

学生任务分组表如表 3.2.2 所示。

表 3.2.2　学生任务分组表

班级		组号		指导教师	
组长		学号			
组员	姓名		学号	姓名	学号
任务分工					

3.2.1.7 自主探究

任务工作单 1

组号：＿＿＿＿＿＿　姓名：＿＿＿＿＿＿　学号：＿＿＿＿＿＿　检索号：＿3217-1＿

引导问题：

（1）查阅文献，简述组织与组织结构设计的概念。

_____

（2）谈谈组织结构设计的步骤、原则及类型。

_____

项目视野：

下面以小微创业项目采食屋的门店组织结构图（见图 3.2.2）和职位说明表（见表 3.2.3）为例。

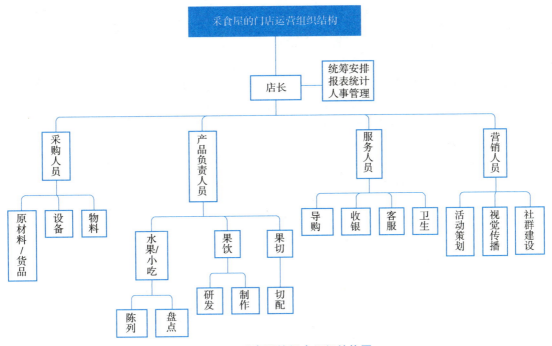

图 3.2.2　采食屋的门店组织结构图

表 3.2.3　采食屋的门店部分职位说明表

岗位	人数	职责描述	任职要求
店长	1	1. 全面负责门店经营管理及运作，具体为人员管理、商品管理、耗材管理、设备管理、财物管理、顾客管理、会员管理、供应商管理等。2. 制定门店年度、月度销售目标及实施方案。3. 负责门店各岗位人员的选拔和考评、指导和培训创造具有凝聚力和积极向上的团队。4. 倡导并督促员工营造热情、礼貌、整洁、舒适的购物环境。5. 保障营运安全，严格检查设备器具的清洁情况及防火、防盗的日常管理	具备较强的组织管理能力及解决问题的能力；思路清晰，考虑问题细致；具有较强的沟通协调能力；具备必要的专业知识、技能，有责任心，有团队合作力
采购人员	1	1. 寻找和联系供应商。2. 进行采购价格谈判，实施货物、设备采购。3. 提前做好货品及物料的各项补充及替换安排	有一定的市场资源和经验；较强的逻辑思考能力、沟通能力；诚实守信、责任心强，积极乐观，有采购经验者优先录用
货品陈列员	2	1. 负责店面货物的验收和货品上架与陈列工作。2. 负责做好货品管理，如需退换补货，记下来统一上报负责人进行报备。3. 负责店面卫生的维护及卖场设施的维护	产品知识丰富；能吃苦耐劳，工作主动积极，责任心强，有较强的自我约束力，良好的顾客服务和团队合作意识
果饮研发与制作员	2	1. 熟知各果饮的特点及口味搭配，并积极进行产品的制作及新产品的研发。2. 负责每日开店前后时间段所需半成品的制作。3. 严格按照标准化流程制作，不得违规操作，爱护设备。4. 保证操作台卫生及工具的整洁及所制产品卫生安全	对果饮、奶茶制作及产品研发感兴趣，具备独特的思考能力及学习能力，有相关工作经验者优先录用

续表

岗位	人数	职责描述	任职要求
导购员	2	1. 为进店客户进行商品提示、揣摩需要、商品解说、称重打包等服务。2. 了解售区产品的相关知识,帮助顾客解决购买过程的任何困惑和需要。3. 为顾客提供热情、专业、优质的服务,提高顾客的购物体验	具备专业的销售技巧与良好的沟通能力,需有强烈的责任意识与服务意识,有亲和力,从事过相关行业导购工作的优先录用
营销推广员	2	1. 负责对门店产品的线下宣传、推广,能够多角度、全方位地寻找目标消费者。2. 负责利用微信、QQ、论坛等社交工具进行客户资源收集及维护,进行推广引流。3. 负责门店新媒体账号的运营、编辑、发布、管理、互动,提高影响力和关注度	关于利用多种网络推广手段,具有一定的文字功底;具备良好的产品触觉和理解力、数据分析能力、良好的沟通能力、快速学习能力;有较丰富的网络推广经验和互联网资源者优先录用

任务工作单2

组号:_____ 姓名:_____ 学号:_____ 检索号:__3217-2__

引导问题:

(1)参考上述案例的组织结构图,完成小组小微创业项目的组织结构设计,如图3.2.3所示。

图3.2.3 项目门店组织结构

(2)参考上述案例的职责描述表,完成小组小微创业项目职位说明表,如表3.2.4所示。

表3.2.4 (   )门店运营职位说明表

岗位	人数	职责描述	任职要求

3.2.1.8 合作研学

任务工作单 1

组号：_____ 姓名：_____ 学号：_____ 检索号：__3218-1__

引导问题：

（1）小组交流讨论，教师参与，形成正确的组织结构设计方案（见图3.2.4）和职务说明表（见表3.2.5）。

图 3.2.4　项目组织结构图

表 3.2.5　（　　　）门店运营职位说明表

岗位	人数	职责描述	任职要求

（2）记录自己存在的不足。
_____
_____

3.2.1.9 展示赏学

任务工作单 1

组号：_____ 姓名：_____ 学号：_____ 检索号：__3219-1__

引导问题：

（1）每小组推荐一位小组长，汇报小组项目组织结构设计方案，借鉴每组经验，进一步优化方案（见图3.2.5）和职务说明表（见表3.2.6）。

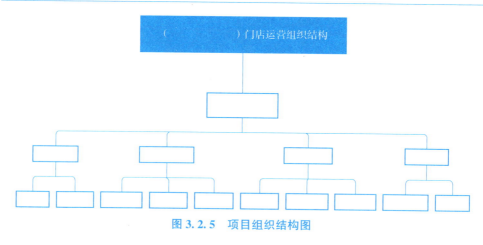

图 3.2.5　项目组织结构图

表 3.2.6　（　　　）门店运营职位说明表

岗位	人数	职责描述	任职要求

（2）检讨自己的不足。

_____

_____

3.2.1.10　评价反馈

任务工作单1

组号：_____　姓名：_____　学号：_____　检索号：　32110-1

个人自评表

班级		组名		日期	年　月　日
评价指标	评价内容		分数	分数评定	
信息收集能力	能有效利用网络、图书资源查找有用的相关信息等；能将查到的信息有效地传递到学习中		10分	
感知课堂生活	是否熟悉组织结构搭建的步骤，认同分工协作的价值；在学习中是否能获得满足感		10分	
参与态度，沟通能力	积极主动与教师、同学交流，相互尊重、理解、平等；与教师、同学之间是否能够保持多向、丰富、适宜的信息交流		10分	
	能处理好合作学习和独立思考的关系，做到有效学习；能提出有意义的问题或能发表个人见解		10分	

续表

评价指标	评价内容	分数	分数评定
知识、能力获得	1. 能掌握组织与组织结构的概念	10 分	
	2. 能掌握组织结构设计的步骤、原则与类型	10 分	
	3. 能设计绘制本小组小微创业项目的组织结构图	10 分	
	4. 能描述组织结构各岗位的任职条件、职位职责	10 分	
思维态度	是否能发现问题、提出问题、分析问题、解决问题、创新问题	10 分	
自评反馈	按时按质完成任务；较好地掌握了知识点；具有较强的信息分析能力和理解能力；具有较为全面严谨的思维能力并能条理清楚明晰表达成文	10 分	
自评分数			
有益的经验和做法			
总结反馈建议			

任务工作单 2

组号：_____ 姓名：_____ 学号：_____ 检索号：__32110-2__

小组内互评验收表

验收组长		组名		日期	年 月 日
组内验收成员					
任务要求	简述组织与组织结构的概念；谈谈组织结构设计的步骤、原则与类型；设计绘制本小组小微创业项目的组织结构图；描述组织结构各岗位的任职条件、职位职责				
验收文档清单	被验收者 3217-1 工作任务单 被验收者 3217-2 工作任务单 文献检索清单				
验收评分	评分标准			分数	得分
	能简述组织与组织结构的概念，错误一处扣 5 分			20 分	
	能说出组织结构设计的步骤、原则与类型，错误一处扣 5 分			20 分	
	能绘制本小组所构思创业项目的组织结构图，职位过多或不足，一处扣 5 分			25 分	
	能描述组织结构各岗位的任职条件、职位职责，错误一处扣 2 分			20 分	
	提供文献检索清单，少于 3 项，缺一项扣 5 分			15 分	
评价分数					
不足之处					

任务工作单3

被评组号：　　　　　　**检索号：** 32110-3

小组间互评表

班级		评价小组		日期		年　月　日
评价指标		评价内容		分数		分数评定
汇报表述		表述准确		15分		
		语言流畅		10分		
		准确概括任务完成情况		15分		
内容正确度		组织结构设计合理可行		30分		
		职位描述说明有理有据		30分		
		互评分数				
简要评述						

任务工作单4

组号：　　　　　　**姓名：**　　　　　　**学号：**　　　　　　**检索号：** 32110-4

任务完成情况评价表

任务名称		组织结构的搭建			总得分	
评价依据		学生完成的3217-1、3217-2任务工作单，完成的3218-1、3219-1任务工作单				
序号	任务内容及要求		配分	评分标准	教师评价	
					结论	得分
1	能简述组织与组织结构的概念	（1）描述正确	10分	缺一个要点扣1分		
		（2）语言表达流畅	10分	酌情赋分		
2	能说出组织结构设计的步骤、原则与类型	（1）描述正确	10分	缺一个要点扣1分		
		（2）语言流畅	10分	酌情赋分		
3	能绘制本小组所构思创业项目的组织结构图	（1）思路正确	10分	缺一个要点扣2分		
		（2）结构合理	10分	酌情赋分		
4	能描述组织结构各岗位的任职条件、职位职责	（1）描述正确	10分	缺一个要点扣2分		
		（2）语言流畅	10分	酌情赋分		
5	至少包含3份文献的检索文献目录清单	（1）数量	5分	每少一个扣2分		
		（2）参考的主要内容要点	5分	酌情赋分		

续表

序号	任务内容及要求		配分	评分标准	教师评价	
					结论	得分
6	素质素养评价	（1）沟通交流能力	10分	酌情赋分，但违反课堂纪律，不听从组长、教师安排不得分		
		（2）团队合作				
		（3）课堂纪律				
		（4）合作探学				
		（5）自主研学				
		（6）培养全局观和全方位、多角度分析问题的意识				
		（7）培养规范、标准意识				
		（8）培养分工协作的合作意识				
		（9）培养语言表达能力和沟通能力				

任务二　设备采购

3.2.2.1 任务描述

结合本组小微企业创业项目情况及需求,填写项目门店物品购置清单,如表 3.2.7 所示。

表 3.2.7　项目门店物品购置清单

日期	货物名称	产品规格	数量	单价	合计	到货周期

3.2.2.2 学习目标

1. 知识目标
（1）掌握设备采购概念。
（2）掌握设备采购的步骤、方法与原则。

2. 能力目标
（1）能根据项目需求填写设备采购清单。
（2）能进行设备采购清单的分类和整理。

3. 素质素养目标
（1）培养交流、沟通意识。
（2）培养规划全局意识。
（3）培养洞察能力。
（4）培养在设备采购中的统筹能力。

3.2.2.3 重难点

1. 重点
设备采购清单及采购要素。

2. 难点
（1）合理设计采购清单。
（2）准确进行采购清单梳理。

3.2.2.4 相关知识链接

1. 采购的含义
采购是指以最能满足工厂要求的形式，为工厂的经营、生存和主要及辅助业务活动，提供从外部引入产品、服务、技术、信息的活动。它的工作指导思想是：用最合理的成本，在合适的时间和地点，向合适的供应商，以商品交易的形式进行公正的购买活动，从而满足工厂生存和发展的需要。

2. 设备采购的步骤
（1）确定采购需求。通过店铺开设的预算及需求确定采购需求。
（2）梳理采购清单。对所需采购设备进行分类梳理，列出采购清单。
（3）提交采购清单。把已确定好的采购清单提交给采购人员。
（4）对接货品商家。根据清单所需产品对接不同的商家进行采购。
（5）货比三家。根据产品的质量、价格及我们的需求进行市场调研，选取优质商家进行合作。
（6）货品下单。确定好商家后，沟通好产品需求、定好交货周期，进行产品下单。
（7）质检验收。货物接收后进行产品检查，合格验收。

3. 设备采购的方法
（1）直接采购：直接向物料生产厂商进行采购。
（2）委托采购：委托某代理商或贸易公司向物料生产厂商进行采购。
（3）调拨采购：在几个分厂或协力厂商和顾客之间，将过剩物料互相调拨支援进行采购。

4. 设备采购的原则

（1）适价，大量使用与光量使用，长期使用与短期使用价格往往有差别，决定一个合适的价格要经过以下几个步骤：

①多渠道询价：多方面打探市场行情，包括市场最高价、最低价，一般价格等。

②比价：要分析各供应商提供材料的性能、规格、品质、要求、用量等才能建立比价标准。

③自行估价：自己成立估价小组，由采购、技术人员、成本会计等人组成，估算出符合品质要求的较为准确的底价标准。

④议价：根据底价的资料、市场的行情、供应商用料的不同、采购量的大小、付款期的长短等与供应商议定出一个双方都能接受的合理价格。

（2）适时，现代竞争非常激烈，时间就是金钱，采购计划的制订要非常准确，该进的物料不依时间进来，造成停工待料，增加管理费用，影响销售和信誉；太早采购囤积物料，又会造成资金的积压、场地的浪费、物料的变质，所以依据生产计划制订采购计划，按采购计划适时进料，既能使生产、销售顺畅，又可以节约成本，提高市场竞争能力。

（3）适质：采购材料的成本是直接的，所以每个公司的领导层都非常重视，而品质成本是无形的，所以就被许多公司领导层忽略了，"价廉物美"才是最佳的选择，偏重任何一头都会造成最终产品成本的增加。

①品质不良，经常性的退货，造成各种管理费用增加。

②经常退货，造成经常性的生产计划变更，增加生产成本，影响交期，降低信誉和产品竞争力。

③品质不良，增加大量检验人员，从而增加成本。

④生产过程中，因原材料不良造成制作过程中的不良品增加，返修理工多，返工多，增加时间成本和人员成本。

⑤品质不良，成品品质不良率加大，客户投诉及退货增加，付出的代价更高。

（4）适量，采购量多，价格就便宜，但不是采购得越多越好，要根据资金的周转率、储存成本、物料需求计划等综合计算出最经济的采购量。

（5）适地，供应商离自己公司越近，运输费用就越低，机动性就越高，协调沟通就越方便，成本自然越低。

5. 设备采购中所需要注意的问题

1）单一的供应商与多家供应商

单一供应商是指物品集中向一家供应商订购，这种购买方式的优点是供需双方的关系密切，购进物品的质量稳定、采购费用低；缺点是无法与其他供应商相比较，容易失去质量、价格更有利的供应商，采购的机动性小；另外，如果供应商出现问题则会影响本企业的生产经营活动。多家供应商是指向多家订购所需要的物品，其优缺点正好与单一供应商相反。

设备采购合同
签订注意事项

2）直接采购与间接采购

如果是大量采购或者所需物品对门店生产经营影响重大，则应该采用直接采购，避免中间商加价，以降低成本；如果采购数量小或者采购物品对生产经营活动影响不大，则可以通过间接采购，节省企业的采购精力与费用。

3.2.2.5 素质素养养成

在设备采购清单的梳理中，要考虑门店的实际需求，合理制定采购清单；在设备采购中要形成货比三家、多项选择的采购思维；在设备采购过程中形成良好的沟通交际能力及逻辑思考能力。

3.2.2.6 任务分组

学生任务分组表如表3.2.8所示。

表3.2.8　学生任务分组表

班级			组号		指导教师	
组长			学号			
组员	姓名		学号	姓名		学号
任务分工						

3.2.2.7 自主探究

任务工作单1

组号：_____　姓名：_____　学号：_____　检索号：　3227-1

引导问题：

（1）查阅文献，简述采购的概念。

_____

（2）谈谈设备采购的步骤、方法与原则。

_____

项目视野：

下面以小微创业项目采食屋的门店设备采购清单表为例，如表3.2.9所示。

表3.2.9　开店成本核算表

序号	项目		单价/元	数量	小计/元	负责人	备注
1	店铺租金	店铺租金	54 000	1	54 000	刘延平	已付
2	装修费用	1期	21 900	1	21 900	刘延平	已付
3		2期	17 520	1	17 520	刘延平	已付
4		3期	4 380	1	4 380	刘延平	已付

续表

序号	项目		单价/元	数量	小计/元	负责人	备注
5	门头装饰	1 期	6 750	1	6 750	刘延平	已付
6		2 期	6 750	1	6 750	刘延平	已付
7	设备费用	收银机	2 147	1	2 147	刘延平	已付
8		电子秤	1 630	1	1 630	刘延平	已付
10		标签纸	776	1	776	刘延平	已付
14		监控	339	2	678	刘延平	已付
15		门铃	89	1	89	刘延平	已付
16		墙体装饰架	416	1	416	刘延平	已付
17		台桌	135	1	135	刘延平	已付
18		挂式广告牌	138	5	690	刘延平	已付
19		操作台	42 600	1	42 600	刘延平	已付
20		落地式冷柜	3 150	1	3 150	刘延平	已付
22		空调	4 688	1	4 688	刘延平	已付
23		货架	6 300	1	6 300	刘延平	已付
24	商品	奶茶原材料	6 666	1	6 666	刘延平	已付
		一次性用品	5 326	1	5 326	刘延平	已付
25	其他杂用	冷柜搬运	200	1	200	刘延平	已付
27		吊板	280	1	280	刘延平	已付
28		装修增项	1 880	1	1 880	刘延平	已付
29		清洁用品	51	1	51	刘延平	已付
	前期费用合计				135 002		不含房租
	合计				189 002		含房租

任务工作单 2

组号：_____ 姓名：_____ 学号：_____ 检索号：3227-2

引导问题：

请参考上述案例，结合小组小微创业项目需求，填写项目门店采购清单，如表 3.2.10 所示。

表 3.2.10 项目门店采购清单

日期	货物名称	产品规格	数量	价格	合计	到货周期

续表

日期	货物名称	产品规格	数量	价格	合计	到货周期

3.2.2.8 合作研学

任务工作单 1

组号：_____ 姓名：_____ 学号：_____ 检索号：__3228-1__

引导问题：

(1) 小组交流讨论，教师参与，完善各组项目门店采购清单，如表 3.2.11 所示。

表 3.2.11 项目门店采购清单

日期	货物名称	产品规格	数量	价格	合计	到货周期

续表

日期	货物名称	产品规格	数量	价格	合计	到货周期

（2）记录自己存在的不足。

_____

_____

3.2.2.9 展示赏学

任务工作单 1

组号：_____ 姓名：_____ 学号：_____ 检索号：__3229-1__

引导问题：

（1）每小组推荐一位小组长，汇报小组项目设备采购清单，借鉴每组经验进一步优化采购清单，如表 3.2.12 所示。

表 3.2.12 项目门店采购清单

日期	货物名称	产品规格	数量	价格	合计	到货周期

续表

日期	货物名称	产品规格	数量	价格	合计	到货周期

（2）检讨自己的不足。

_____

_____

3.2.2.10 评价反馈

任务工作单1

组号：_____ **姓名：**_____ **学号：**_____ **检索号：** 32210-1

个人自评表

班级		组名		日期	年　月　日
评价指标	评价内容			分数	分数评定
信息收集能力	能有效利用网络、图书资源查找有用的相关信息等；能将查到的信息有效地传递到学习中			10分	
感知课堂生活	是否熟悉设备采购的步骤，认同分工协作的价值；在学习中是否能获得满足感			10分	
参与态度，沟通能力	积极主动与教师、同学交流，相互尊重、理解、平等；与教师、同学之间是否能够保持多向、丰富、适宜的信息交流			10分	
	能处理好合作学习和独立思考的关系，做到有效学习；能提出有意义的问题或能发表个人见解			10分	
知识、能力获得	1. 能掌握采购的概念			10分	
	2. 能掌握组织结构设备采购的步骤、原则			10分	
	3. 能根据项目需求填写设备采购清单			10分	
	4. 能对设备采购进行合理分类整理			10分	
思维态度	是否能发现问题、提出问题、分析问题、解决问题、创新问题			10分	
自评反馈	按时按质完成任务；较好地掌握了知识点；具有较强的信息分析能力和理解能力；具有较为全面严谨的思维能力并能条理清楚明晰表达成文			10分	
	自评分数				
有益的经验和做法					
总结反馈建议					

任务工作单 2

组号：_____ 姓名：_____ 学号：_____ 检索号：__32210-2__

小组内互评验收表

验收组长		组名		日期	年　月　日
组内验收成员					
任务要求	简述采购的概念；谈谈采购的步骤、原则与方法；填写本小组项目设备采购清单；对设备采购进行合理分类整理				
验收文档清单	被验收者 3227-1 工作任务单 被验收者 3227-2 工作任务单				
	文献检索清单				
验收评分	评分标准			分数	得分
	能简述采购的概念，错误一处扣 5 分			20 分	
	能说出采购的步骤、原则和方法，错误一处扣 5 分			20 分	
	能填写本小组项目设备采购清单，不足一处扣 5 分			25 分	
	能对设备采购进行合理分类整理，错误一处扣 2 分			20 分	
	提供文献检索清单，少于 3 项，缺一项扣 5 分			15 分	
	评价分数				
不足之处					

任务工作单 3

被评组号：_____ 检索号：__32210-3__

小组间互评表

班级		评价小组		日期	年　月　日
评价指标	评价内容			分数	分数评定
汇报表述	表述准确			15 分	
	语言流畅			10 分	
	准确概括任务完成情况			15 分	
内容正确度	采购清单填写符合项目需求			30 分	
	采购清单分类准确合理			30 分	
	互评分数				
简要评述					

任务工作单 4

组号：_____ 姓名：_____ 学号：_____ 检索号：32210-4

任务完成情况评价表

任务名称	设备采购			总得分		
评价依据	学生完成的 3227-1、3227-2 任务工作单，完成的 3228-1、3229-1 任务工作单					
序号	任务内容及要求		配分	评分标准	教师评价	
					结论	得分
1	能简述采购概念	（1）描述正确	10 分	缺一个要点扣 1 分		
		（2）语言表达流畅	10 分	酌情赋分		
2	能说出采购结构的步骤、原则与方法	（1）描述正确	10 分	缺一个要点扣 1 分		
		（2）语言流畅	10 分	酌情赋分		
3	能根据项目需求填写设备采购清单	（1）思路正确	10 分	缺一个要点扣 2 分		
		（2）结构合理	10 分	酌情赋分		
4	能进行设备采购清单的分类和整理	（1）描述正确	10 分	缺一个要点扣 2 分		
		（2）语言流畅	10 分	酌情赋分		
5	至少包含 3 份文献的检索文献目录清单	（1）数量	5 分	每少一个扣 2 分		
		（2）参考的主要内容要点	5 分	酌情赋分		
6	素质素养评价	（1）沟通交流能力 （2）团队合作 （3）课堂纪律 （4）合作探学 （5）自主研学 （6）培养交流、沟通意识 （7）培养规划全局意识 （8）培养洞察能力 （9）培养在设备采购中的统筹能力	10 分	酌情赋分，但违反课堂纪律，不听从组长、教师安排不得分		

任务三　供应链梳理

3.2.3.1 任务描述

结合本小组小微企业创业项目情况,进行项目门店产品供应链渠道梳理,如表 3.2.13 所示。

表 3.2.13　项目门店产品供应链渠道

类别	区域	品名	规格	数量	供应商	供应商联系方式	发货方式	采购人员	备注

3.2.3.2 学习目标

1. 知识目标
（1）掌握供应链的概念。
（2）掌握供应链的组建原则及相关性。

2. 能力目标
（1）能正确梳理项目门店各类商品的供应链渠道。
（2）能有效搜寻不同供应链渠道的具体信息。

3. 素质素养目标
（1）培养整体规划意识。
（2）培养洞察能力。
（3）培养团队交流与沟通意识。
（4）培养组织协调能力。

3.2.3.3 重难点

1. 重点
供应链渠道的整合与梳理。

2. 难点
（1）商品供应链的搭建。
（2）供应链渠道的信息搜寻。

3.2.3.4 相关知识链接

1. 供应链的含义
供应链是围绕核心企业，通过对信息流、物流、资金流的控制，从采购原材料开始，制成中间产品以及最终产品，最后由销售网络把产品送到消费者手中，将供应商、制造商、分销商、零售商，直到最终用户连成一个整体。

2. 供应链的作用
供应链能把供应商、生产商、销售商紧密结合在一起，并对他们进行协调、优化，从而使企业与企业之间形成和谐的关系，使产品、信息的流通渠道最短，进而可以使消费者的需求信息沿供应链逆向迅速、准确地反馈到销售商、生产商乃至供应商。他们据此做出正确的决策，以保证供求的良好结合。

3. 供应链的重要性
做好供应链管理对项目门店的重要性：完善的供应链管理可以让企业以最低成本来获取最大的利益，同时可以提高门店的工作效率和生产效率。

4. 供应链组建的原则
1）自顶向下和自底向上相结合的设计原则
在系统建模设计中，存在两种设计方法，即自顶向下和自底向上的方法。自顶向下的方法是从全局走向局部的方法，自底向上的方法是从局部走向全局的方法；自上而下是系统分解的过程，而自下而上则是一种集成过程。在设计一个供应链系统时，往往是先由主管高层作出战略规划与决策，规划与决策的依据来自市场需求和企业发展规划，然后由下层部门实施决策，因此供应链的设计是自顶向下和自底向上的综合。

2）简洁性原则

简洁性是供应链的一个重要原则，为了能使供应链具有灵活快速响应市场的能力，供应链的每个节点都应是简洁的、具有活力的，能实现业务流程的快速组合。例如供应商的选择就应以少而精为原则，通过和少数供应商建立战略伙伴关系，减少采购成本，推动准时生产。生产系统的设计更是应以精细思想为指导，努力实现从精细的制造模式到精细的供应链这一目标。

3）集优原则

供应链的各个节点选择应遵循强强联合的原则，达到实现资源外用的目的，每个企业只集中精力致力于各自核心的业务过程，就像一个独立的制造单元，这些所谓单元化企业具有自我组织、自我优化、面向目标、动态运行和充满活力的特点，能够实现供应链业务的快速重组。

4）协调性原则

供应链业绩的好坏取决于供应链合作伙伴关系是否和谐而协调，因此建立战略伙伴关系的合作企业关系模型是实现供应链最佳效能的保证。

5）动态性（不确定性）原则

不确定性在供应链中随处可见，许多学者在研究供应链运作效率时都如此。由于不确定性的存在，有时会导致需求信息的扭曲。因此企业要预见各种不确定因素对供应链运作的影响，减少信息传递过程中的信息延迟和失真。降低安全库存总是和服务水平的提高相矛盾。增加透明性，减少不必要的中间环节，提高预测的精度和时效性对降低不确定性的影响都是极为重要的。

注意供应链的六大相关性

3.2.3.5 素质素养养成

在供应链搭建中，一定要养成敏锐的市场洞察力和观察力，特别注意在供应链筹备中应具备整合资源、统筹规划的能力。

3.2.3.6 任务分组

学生任务分组表如表 3.2.14 所示。

表 3.2.14　学生任务分组表

班级		组号		指导教师	
组长		学号			
组员	姓名		学号	姓名	学号
任务分工					

3.2.3.7 自主探究

任务工作单 1

组号：_____ 姓名：_____ 学号：_____ 检索号：__3237-1__

引导问题：

（1）查阅文献，简述供应链的概念。
_____
_____

（2）谈谈供应链的组建原则及相关性。
_____
_____

项目视野：

下面以小微创业项目采食屋的门店供应链为例，如表 3.2.15 所示。

表 3.2.15 项目门店供应链渠道

类别	区域	品名	型号	入库数量	出库数量	结余数量	供应商	供应商联系方式	采购人员	备注	经办人
原材料	奶茶小料	西米	袋	0	0	11	维嘉商贸	19130836815	小清		
		椰果	袋	0	5	19	维嘉商贸	19130836815	小清		
		珍珠	袋	0	5	61	维嘉商贸	19130836815	小清		
		原味晶球	袋	0	10	72	维嘉商贸	19130836815	小清		
		琥珀珍珠	袋	0	0	2	维嘉商贸	19130836815	小清		
		水蜜桃晶球	袋	0	0	7	维嘉商贸	19130836815	小清		
		黑糖	瓶	0	4	10	维嘉商贸	19130836815	小清		
		糖太后	瓶	1	0	10	维嘉商贸	19130836815	小清		
	奶茶茶底	茉莉	袋	0	0	12	维嘉商贸	19130836815	小清		
		红茶	袋	0	4	55	维嘉商贸	19130836815	小清		
		四季青	袋	0	5	35	维嘉商贸	19130836815	小清		
		荔枝乌龙	袋	0	0	32	维嘉商贸	19130836815	小清		
		桃气乌龙	袋	0	0	32	维嘉商贸	19130836815	小清		
		炼乳	罐	0	0	6	维嘉商贸	19130836815	小清		
		海盐奶盖	罐	0	4	8	维嘉商贸	19130836815	小清		
		乳酸菌	瓶	0	2	17	维嘉商贸	19130836815	小清		
		奶伴	袋			102	维嘉商贸	19130836815	小清		
		纯牛奶	件	0	1	2	维嘉商贸	19130836815	小清		

续表

类别	区域	品名	型号	入库数量	出库数量	结余数量	供应商	供应商联系方式	采购人员	备注	经办人
原材料	水果捞小料	草莓果酱	罐	0	0	8	维嘉商贸	19130836815	小清		
		百香果果酱	罐	0	0	2	品佳商贸	19130836852	小清		
		草莓果酱	罐	0	0	7	品佳商贸	19130836852	小清		
		花生碎	袋	0	0	18	品佳商贸	19130836852	小清		
		红豆罐头	罐	0	0	9	品佳商贸	19130836852	小清		
一次性用品	袋子	单杯袋	卷	0	0	4	广东商贸	18064908278	小静		
		双杯袋	卷	0	0	41	广东商贸	18064908278	小静		
		定制小袋	件	0	0	2	广东商贸	18064908278	小静		
		定制大袋	件	0	0	4	广东商贸	18064908278	小静		
		大垃圾袋	卷	0	0	1	广东商贸	18064908278	小静		
	日用品	一次性手套	卷	0	0	5	广东商贸	18064908278	小静		
		保鲜膜	卷	0	0	9	广东商贸	18064908278	小静		
		封膜纸	卷	0	0	7	广东商贸	18064908278	小静		
	杯子	中杯	条	0	6	764	广东商贸	18064908278	小静		
		大杯	条	0	6	1 164	广东商贸	18064908278	小静		
		杯套	件	0	0	7	成都商贸	15154521846	小静		
	盒子	300 盒子	条	0	0	7	标果平台	15154521847	小静		
		500 盒子	条	0	0	3	标果平台	15154521848	小静		
		圣诞礼盒	个	0	0	27	标果平台	15154521851	小静		

任务工作单 2

组号：_____ **姓名：**_____ **学号：**_____ **检索号：** 3237-2

引导问题：

参考上述案例的供应链情况，完成小组小微创业项目的供应链信息搜集和整理，如表 3.2.16 所示。

表 3.2.16 项目门店供应链渠道

类别	区域	品名	规格	数量	供应商	供应商联系方式	发货方式	采购人员	备注

续表

类别	区域	品名	规格	数量	供应商	供应商联系方式	发货方式	采购人员	备注

3.2.3.8 合作研学

任务工作单 1

组号：_____ 姓名：_____ 学号：_____ 检索号：__3238-1__

引导问题：

（1）小组交流讨论、教师参与，补充和完善小微创业项目的供应链梳理，如表 3.2.17 所示。

表 3.2.17 项目门店供应链渠道

类别	区域	品名	规格	数量	供应商	供应商联系方式	发货方式	采购人员	备注

续表

类别	区域	品名	规格	数量	供应商	供应商联系方式	发货方式	采购人员	备注

（2）记录自己存在的不足。

_____

_____

3.2.3.9 展示赏学

任务工作单 1

组号：_____ 姓名：_____ 学号：_____ 检索号：__3239-1__

引导问题：

（1）每小组推荐一位小组长，汇报小组项目供应链渠道列表，借鉴每组经验，进一步优化供应链信息梳理与整合表，如表 3.2.18 所示。

表 3.2.18 项目门店供应链渠道

类别	区域	品名	规格	数量	供应商	供应商联系方式	发货方式	采购人员	备注

续表

类别	区域	品名	规格	数量	供应商	供应商联系方式	发货方式	采购人员	备注

（2）检讨自己的不足。

_____

_____

3.2.3.10 评价反馈

任务工作单 1

组号：_____ 姓名：_____ 学号：_____ 检索号：__32310-1__

个人自评表

班级		组名		日期	年　月　日
评价指标	评价内容			分数	分数评定
信息收集能力	能有效利用网络、图书资源查找有用的相关信息等；能将查到的信息有效地传递到学习中			10 分	
感知课堂生活	是否熟悉供应链的概念及作用，在学习中是否能获得满足感			10 分	
参与态度，沟通能力	积极主动与教师、同学交流，相互尊重、理解、平等；与教师、同学之间是否能够保持多向、丰富、适宜的信息交流			10 分	
	能处理好合作学习和独立思考的关系，做到有效学习；能提出有意义的问题或能发表个人见解			10 分	

续表

评价指标	评价内容	分数	分数评定
知识获得	1. 能掌握供应链的概念	10分	
	2. 能掌握供应链的组建原则及相关性	10分	
	3. 能正确梳理项目门店各类商品的供应链渠道	10分	
	4. 能有效搜寻不同供应链渠道的具体信息	10分	
思维态度	是否能发现问题、提出问题、分析问题、解决问题、创新问题	10分	
自评反馈	按时按质完成任务；较好地掌握了知识点；具有较强的信息分析能力和理解能力；具有较为全面严谨的思维能力并能条理清楚明晰表达成文	10分	
自评分数			
有益的经验和做法			
总结反馈建议			

任务工作单2

组号：_____ 姓名：_____ 学号：_____ 检索号：__32310-2__

小组内互评验收表

验收组长		组名		日期	年 月 日
组内验收成员					
任务要求	简述供应链的概念；谈谈供应链的组建原则及相关性；正确梳理项目门店各类商品的供应链渠道；有效搜寻不同供应链渠道的具体信息				
验收文档清单	被验收者3237-1工作任务单 被验收者3237-2工作任务单 文献检索清单				
验收评分	评分标准		分数		得分
	能简述供应链的概念，错误一处扣5分		20分		
	能说出供应链的组建原则及相关性，错误一处扣5分		20分		
	能正确梳理项目门店各类商品的供应链渠道，不足一处扣5分		25分		
	能有效搜寻不同供应链渠道的具体信息，错误一处扣2分		20分		
	提供文献检索清单，少于3项，缺一项扣5分		15分		
评价分数					
不足之处					

任务工作单 3

被评组号：_____　　检索号：__32310-3__

小组间互评表

班级		评价小组		日期		年　月　日
评价指标	评价内容			分数	分数评定	
汇报表述	表述准确			15 分		
	语言流畅			10 分		
	准确概括任务完成情况			15 分		
内容正确度	供应链渠道梳理有条理			30 分		
	供应链渠道的具体信息完善充实			30 分		
	互评分数					
简要评述						

任务工作单 4

组号：_____　　姓名：_____　　学号：_____　　检索号：__32310-4__

任务完成情况评价表

任务名称	供应链梳理				总得分	
评价依据	学生完成的 3237-1、3237-2 任务工作单，完成的 3238-1、3239-1 任务工作单					
序号	任务内容及要求		配分	评分标准	教师评价	
					结论	得分
1	能简述供应链的概念	（1）描述正确	10 分	缺一个要点扣 1 分		
		（2）语言表达流畅	10 分	酌情赋分		
2	能说出供应链的组建原则及相关性	（1）描述正确	10 分	缺一个要点扣 1 分		
		（2）语言流畅	10 分	酌情赋分		
3	能正确梳理项目门店各类商品的供应链渠道	（1）思路正确	10 分	缺一个要点扣 2 分		
		（2）结构合理	10 分	酌情赋分		
4	能有效搜寻不同供应链渠道的具体信息	（1）描述正确	10 分	缺一个要点扣 2 分		
		（2）内容充实	10 分	酌情赋分		
5	至少包含 3 份文献的检索文献目录清单	（1）数量	5 分	每少一个扣 2 分		
		（2）参考的主要内容要点	5 分	酌情赋分		

续表

序号	任务内容及要求		配分	评分标准	教师评价	
					结论	得分
6	素质素养评价	（1）沟通交流能力	10分	酌情赋分，但违反课堂纪律，不听从组长、教师安排不得分		
		（2）团队合作				
		（3）课堂纪律				
		（4）合作探学				
		（5）自主研学				
		（6）培养整体规划意识				
		（7）培养洞察能力				
		（8）培养团队交流与沟通意识				
		（9）培养组织协调能力				

模块四 经营实战篇

 项目一

产品与服务策划

任务一 产品组合设计

4.1.1.1 任务描述

结合本小组小微企业创业项目定位及目标,进行项目门店产品组合设计,如表 4.1.1 所示。

表 4.1.1 产品组合设计表

产品整体架构	不同产品组合				
	产品 1	产品 2	产品 3	产品 4	……
核心产品					
形式产品					
期望产品					
附加产品					
潜在产品					

4.1.1.2 学习目标

1. 知识目标
(1) 掌握产品的整体概念。
(2) 掌握产品组合设计的内涵。

2. 能力目标
(1) 能进行门店产品整体概念的不同层次搭建。

（2）能进行门店不同产品的组合设计。

3. 素质素养目标
（1）培养全局观和整体意识。
（2）培养知行合一意识。
（3）培养分工协作的合作意识。
（4）培养语言表达和沟通能力。

4.1.1.3 重难点

1. 重点
产品组合设计。

2. 难点
（1）准确定位产品整体概念的不同层次。
（2）合理进行不同产品组合设计。

4.1.1.4 相关知识链接

1. 产品的含义
企业的一切生产经营活动都是围绕着产品进行的，即通过及时、有效地提供消费者所需要的产品而实现企业的发展目标。企业生产什么产品？为谁生产产品？生产多少产品？这一似乎是经济学命题的问题，其实是企业产品策略必须回答的问题。企业如何开发满足消费者需求的产品，并将产品迅速、有效地传送到消费者手中，构成了企业营销活动的主体。产品是什么？这是一个不是问题的问题，因为企业时时刻刻都在开发、生产、销售产品，消费者时时刻刻都在使用、消费和享受产品。但随着科学技术的快速发展，社会的不断进步，消费者需求特征的日趋个性化，市场竞争程度的加深加广，导致产品的内涵和外延也在不断扩大。

产品是指能用于市场交换，并能满足人们某种需要和欲望的劳动成果，它包括实物、服务、场所、设施、思想和计策、体验等有形产品和无形产品。

2. 产品的整体概念
产品的整体含义是就一个产品的营销学上的整体结构而言的。以现代观念对产品进行界定，产品是指为留意、获取、使用或消费以满足某种欲望和需要而提供给市场的一切东西（菲利普·科特勒）。

产品的外延也从其核心产品（基本功能）向一般产品（产品的基本形式）、期望产品（期望的产品属性和条件）、附加产品（附加利益和服务）和潜在产品（产品的未来发展）拓展。即从核心产品到发展产品5个层次。

第一，核心产品。产品最基本的层次是核心利益，即向消费者提供的产品基本效用和利益，也是消费者真正要购买的利益和服务。消费者购买某种产品并非是为了拥有该产品实体，而是为了获得能满足自身某种需要的效用和利益。如洗衣机的核心利益体现在它能让消费者方便、省力、省时地清洗衣物。

第二，一般产品。即产品核心功能需依附一定的实体来实现，产品实体称一般产品，即产品的基本形式，主要包括产品的构造外形等。

第三，期望产品。期望产品是消费者购买产品时期望的一整套属性和条件，如对于购买洗衣机的人来说，期望该机器能省事省力地清洗衣物，同时不损坏衣物，洗衣时噪声小，方便进排水，外形美观，使用安全可靠等。

第四，附加产品。附加产品是产品的第 4 个层次，即产品包含的附加服务和利益，主要包括运送、安装、调试、维修、产品保证、零配件供应、技术人员培训等。附加产品来源于对消费者需求的综合性和多层次性的深入研究，要求营销人员必须正视消费者的整体消费体系。

第五，潜在产品。产品的第 5 个层次是潜在产品，潜在产品预示着该产品最终可能的所有增加和改变。

3. 产品组合策略

产品组合策略是企业为面向市场，对所生产经营的多种产品进行最佳组合的谋略。其目的是：使产品组合的广度、深度及关联性处于最佳结构，以提高企业竞争能力和取得最好的经济效益。

（1）产品组合的宽度，是指一个企业所拥有的产品线（Product Line）数量，也即能提供几种大类的产品。较多的产品线，说明产品组合的广度较宽。

（2）产品组合的长度，是指企业所拥有的每类产品品种的多少。

（3）产品组合的深度，是指每个品种的花色、规格有多少。

（4）产品组合的关联度，是指各产品线的产品在最终使用、生产条件、分销等方面的相关程度。

产品策略 PPT

4.1.1.5 素质素养养成

在进行产品及产品组合设计中，注意产品需实事求是以满足顾客基本需求，遵守国家政策法规，策划保障消费者基本利益的产品；与消费者同理，关注和理解不同消费者对产品的"痛"；企业在条件允许的情况下，可尽可能增加延伸产品，提升产品附加值，培育顾客忠诚度。

4.1.1.6 任务分组

学生任务分组表如表 4.1.2 所示。

表 4.1.2　学生任务分组表

班级			组号		指导教师	
组长			学号			
组员	姓名		学号	姓名		学号
任务分工						

4.1.1.7 自主探究

任务工作单 1

组号：_____ 姓名：_____ 学号：_____ 检索号：4117-1

引导问题：

（1）查阅文献，简述产品整体概念的不同层次。

_____

_____

（2）谈谈产品组合策略及设计。

_____

_____

项目视野：

下面为采食屋校园店主要产品系列，如图 4.1.1、表 4.1.3 所示。

图 4.1.1　采食屋校园店主要产品系列

表 4.1.3　采食屋校园店主要产品系列

名称	种类
水果	果切、当季水果、四季水果
水果捞	现切水果、手工酸奶、葡萄干、果酱、花生碎、坚果、手工龟苓膏、西米、奥利奥碎、椰果、红豆、布丁、芋圆、山楂碎等
果饮	金橘柠檬、多肉葡萄、满杯鲜桃、霸气橙子、杨枝甘露、满杯百香果、凤梨四季、爆打香柠红心果、鲜榨西瓜汁、鲜榨橙汁
奶茶	原味奶茶、珍珠奶茶、四季奶青、桂花酒酿奶绿、烧仙草奶茶
甜点	布丁、手工酸奶、龟苓膏、冰粉、鸡蛋仔、冰汤圆、杂果小丸子

任务工作单 2

组号：_____ 姓名：_____ 学号：_____ 检索号：4117-2

引导问题：

参考上述案例，结合小组小微企业创业项目情况，进行门店产品组合设计，如表 4.1.4 所示。

表 4.1.4　产品组合设计表

产品整体架构	不同产品组合				
	产品 1	产品 2	产品 3	产品 4	……
核心产品 (基本效用和利益)					
一般产品 (包装、特色、品质、样式)					
期望产品 (消费者对产品属性与条件的期望)					
附加产品 (附加服务及保障)					
潜在产品 (产品可能带来的改变及趋势)					

4.1.1.8　合作研学

任务工作单 1

组号：_____　姓名：_____　学号：_____　检索号：__4118-1__

引导问题：

（1）小组交流讨论，教师参与，修订本小组小微企业门店的产品组合设计表，如表 4.1.5 所示。

表 4.1.5　产品组合设计表

产品整体架构	不同产品组合				
	产品 1	产品 2	产品 3	产品 4	……
核心产品 (基本效用和利益)					
一般产品 (包装、特色、品质、样式)					
期望产品 (消费者对产品属性与条件的期望)					
附加产品 (附加服务及保障)					
潜在产品 (产品可能带来的改变及趋势)					

（2）记录自己存在的不足。

_____
_____

4.1.1.9 展示赏学

任务工作单 1

组号：_____ 姓名：_____ 学号：_____ 检索号：　4119-1　

引导问题：

（1）每小组推荐一位小组长，汇报小组项目的门店产品组合设计方案，借鉴每组经验，进一步优化产品组合设计表，如表 4.1.6 所示。

表 4.1.6　产品组合设计表

产品整体架构	不同产品组合				
	产品 1	产品 2	产品 3	产品 4	……
核心产品 （基本效用和利益）					
一般产品 （包装、特色、品质、样式）					
期望产品 （消费者对产品属性与条件的期望）					
附加产品 （附加服务及保障）					
潜在产品 （产品可能带来的改变及趋势）					

（2）检讨自己的不足。

_____

_____

4.1.1.10 评价反馈

任务工作单 1

组号：_____ 姓名：_____ 学号：_____ 检索号：　41110-1　

个人自评表

班级		组名		日期	年　月　日
评价指标	评价内容			分数	分数评定
信息收集能力	能有效利用网络、图书资源查找有用的相关信息等；能将查到的信息有效地传递到学习中			10 分	
感知课堂生活	是否熟悉产品组合的设计，认同分工协作的价值；在学习中是否能获得满足感			10 分	

续表

评价指标	评价内容	分数	分数评定
参与态度，沟通能力	积极主动与教师、同学交流，相互尊重、理解、平等；与教师、同学之间是否能够保持多向、丰富、适宜的信息交流	10分	
	能处理好合作学习和独立思考的关系，做到有效学习；能提出有意义的问题或能发表个人见解	10分	
知识、能力获得	1. 能简述产品整体概念的不同层次	10分	
	2. 能说出产品组合设计的内涵	10分	
	3. 能进行门店产品整体概念不同层次的搭建	10分	
	4. 能进行门店不同产品的组合设计	10分	
思维态度	是否能发现问题、提出问题、分析问题、解决问题、创新问题	10分	
自评反馈	按时按质完成任务；较好地掌握了知识点；具有较强的信息分析能力和理解能力；具有较为全面严谨的思维能力并能条理清楚明晰表达成文	10分	
自评分数			
有益的经验和做法			
总结反馈建议			

任务工作单2

组号：_____ 姓名：_____ 学号：_____ 检索号：41110-2

小组内互评验收表

验收组长		组名		日期	年 月 日
组内验收成员					
任务要求	简述产品整体概念的不同层次；说出产品组合设计的内涵；进行门店产品整体概念不同层次的搭建；进行门店不同产品的组合设计				
验收文档清单	被验收者4116-1 工作任务单 被验收者4116-2 工作任务单				
	文献检索清单				
验收评分	评分标准			分数	得分
	能简述产品整体概念的不同层次，错误一处扣5分			20分	
	能说出产品组合设计的内涵，错误一处扣5分			20分	
	能进行门店产品整体概念不同层次的搭建，不足一处扣5分			25分	
	能进行门店不同产品的组合设计，错误一处扣2分			20分	
	提供文献检索清单，少于3项，缺一项扣5分			15分	
	评价分数				
不足之处					

任务工作单3

被评组号：_____ 检索号：__41110-3__

小组间互评表

班级		评价小组		日期	年　月　日
评价指标	评价内容			分数	分数评定
汇报表述	表述准确			15分	
	语言流畅			10分	
	准确概括任务完成情况			15分	
内容正确度	产品整体概念各层次设计完整			30分	
	产品组合设计合理可行			30分	
	互评分数				
简要评述					

任务工作单4

组号：_____ 姓名：_____ 学号：_____ 检索号：__41110-4__

任务完成情况评价表

任务名称		产品组合设计		总得分	
评价依据		学生完成的4116-1、4116-2任务工作单，完成的4117-1、4118-1任务工作单			
序号	任务内容及要求		配分	评分标准	教师评价
					结论　得分
1	能简述产品整体概念的不同层次	（1）描述正确	10分	缺一个要点扣1分	
		（2）表达流畅	10分	酌情赋分	
2	能说出产品组合设计的内涵	（1）描述正确	10分	缺一个要点扣1分	
		（2）语言流畅	10分	酌情赋分	
3	能进行门店产品整体概念不同层次的搭建	（1）内容完备	10分	缺一个要点扣2分	
		（2）结构合理	10分	酌情赋分	
4	能进行门店不同产品的组合设计	（1）设计合理	10分	酌情赋分	
		（2）具体可行	10分	酌情赋分	
5	至少包含3份文献的检索文献目录清单	（1）数量	5分	每少一个扣2分	
		（2）参考的主要内容要点	5分	酌情赋分	

续表

序号	任务内容及要求		配分	评分标准	教师评价	
					结论	得分
6	素质素养评价	（1）沟通交流能力	10分	酌情赋分，但违反课堂纪律，不听从组长、教师安排不得分		
		（2）团队合作				
		（3）课堂纪律				
		（4）合作探学				
		（5）自主研学				
		（6）培养全局观和整体意识				
		（7）培养知行合一意识				
		（8）培养分工协作的合作意识				
		（9）培养语言表达和沟通能力				

任务二　服务体系构建

4.1.2.1 任务描述

参考图 4.1.2，结合本组小微企业创业项目情况，构建门店服务体系及内容。

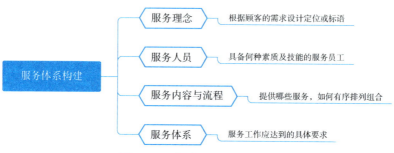

图 4.1.2　服务体系构建要点

4.1.2.2 学习目标

1. 知识目标
（1）掌握服务体系的概念。
（2）掌握服务体系构建的内容。

2. 能力目标
（1）能根据项目情况进行服务体系设计。
（2）能进行服务体系各部分具体内容阐述。

3. 素质素养目标
（1）培养全方位、多角度分析问题的意识。
（2）培养规范、标准意识。
（3）培养分工协作的合作意识。
（4）培养语言表达和沟通能力。

4.1.2.3 重难点

1. 重点
服务体系的构建。

2. 难点
（1）合理设计服务体系。
（2）准确进行服务体系各部分内容描述。

4.1.2.4 相关知识链接

1. 服务体系的概念

服务体系是由多个服务行业及系统共同构成的一个系统,由明确"客户服务理念"、相对固定的客户服务人员、规范的客户服务内容和流程、每一环节有相关服务品质标准要求,以客户为中心,以提升企业知名度、美誉度和客户忠诚度为目的的企业商业活动的一系列要素构成。

2. 服务体系的构成

1) 服务理念

服务理念,是指在各行各业中商家提供服务中坚持的一种理念。服务产品同其他有形产品一样,也强调产品要能满足不同的消费者需求。"客户服务的理念,源于客户需求,超越客户期望,达到客户满意。"任何企业都应该围绕"以客户为中心",根据具体的服务需求设计其服务的具体理念、定位或标语。

2) 服务人员

服务是人与人接触的岗位,服务人员是否具备相应的服务素质,是影响顾客需求满足的关键。一般而言,服务人员除具备良好的心理素质之外,还要具备良好的专业素质,熟练掌握服务技能,严格执行服务标准,才能让服务专业化;还有良好的沟通和互动能力、乐观包容的心态、敏锐的观察能力和独立的判断能力、团队合作的精神等。另外,需根据创业项目的不同确定对服务人员的具体素质技能要求。

3) 服务内容与流程

服务内容即能为顾客提供哪些具体的服务;服务流程指为满足客户服务需求,将两个以上具有相互联系和相互作用的相关服务活动进行有序排列,组合成具有特定结构和服务功能的有机整体,也可以理解为提供服务的各个环节及先后顺序。

4) 服务标准

对某项服务工作应达到的要求所制定的标准,称为服务标准。服务标准一般广泛应用于商业、旅游、银行、饭店、广播、邮电、交通运输等领域。按照 ISO 对标准化对象的划分,服务标准是相对于产品标准和过程标准而言的一大类标准,与服务有关的标准都可以划入这一类别。顾客(亦称为消费者、客户)在选择与接受各项服务产品时,总会预先考虑选择一家服务质量好的单位进行购买或消费。商家为了达到满足各类顾客的不同层次需求,亦总是在不断开发服务产品的新品种,努力提高自身的服务质量。以上这些行为,均离不开使用服务标准来衡量、规范服务质量的好与坏。

另外,服务标准的设计应该满足:

第一,明确性。服务标准必须明确、可量化。如规定微笑服务——"八颗牙齿";接听电话不能超过三声。第二,可衡量性。指服务标准要用定量表示,如 96% 的电话都是在铃响第二声接听;所有四环路以内维修服务都需要当天解决。第三,可行性。建立标准不代表确立目标,它意味着设计一个可能实现的工作过程,并且使之不断执行下去。第四,及时性。服务标准应该有明确的时间限制,才有价值。第五,吻合性。服务标准要与客户的需求吻合。

服务体系建立的要点

4.1.2.5 素质素养养成

在构建小微创业门店服务体系时,要始终把握消费者对服务内容的要求,满足其对服务水平的期望,遵循服务至上、顾客至上原则,保障消费者切身利益的实现。

4.1.2.6 任务分组

学生任务分组表如表 4.1.7 所示。

表 4.1.7 学生任务分组表

班级		组号		指导教师	
组长		学号			
组员	姓名	学号	姓名	学号	
任务分工					

4.1.2.7 自主探究

任务工作单 1

组号：_____ 姓名：_____ 学号：_____ 检索号：__4127-1__

引导问题：

（1）查阅文献，简述服务体系的概念及意义。

_____

_____

（2）谈谈服务体系的主要构成内容。

_____

_____

项目视野：

下面为采食屋项目的门店服务的具体情况，如表 4.1.8 所示。

表 4.1.8 采食屋项目的门店服务的具体情况

● 服务理念	每天都有新鲜感
● 服务人员	1. 积极乐观，热情，有亲和力，善于与陌生人打交道； 2. 熟悉商品知识及价格，能熟练运用销售技巧； 3. 充满爱心，工作认真、负责

续表

● 服务内容与流程	1. 微笑、打招呼，称呼为××同学或××老师等； 2. 等待机会上前，向顾客接近，不要顾客一来就紧盯，适当时机再走上前，不要太近也不要太远，约半米距离； 3. 商品提示，顾客没有具体咨询商品之前，向顾客提示门店有什么商品，新到什么好商品； 4. 揣摩需求，根据顾客关注的东西，揣摩顾客需求； 5. 商品解说，简要地说出商品的特点、优点，解说时看着顾客，不要左顾右盼或同时做其他事，如需与其他人的商品作比较，不要贬低别人抬高自己，只说自己商品的三个优点； 6. 劝说推荐，在顾客表现犹豫不决时帮顾客做决定； 7. 关联销售，销售顾客可能需要的商品，介绍公司主推的商品； 8. 称重、打单、打包； 9. 收款，对于尾数是几分钱的，免收，但要让顾客知道； 10. 致谢，送客
● 服务标准	1. 微笑和活力：保持微笑和活力，让顾客感觉亲切友好； 2. 创新和价值：帮顾客发现新产品、新功能、新做法，为顾客创造价值； 3. 沟通和感动：良好的沟通，周到的服务，让顾客感动； 4. 适当的让利：让顾客得到优惠，时刻记住，顾客要的不是经济，而是优惠

任务工作单 2

组号：_____ 姓名：_____ 学号：_____ 检索号：__4127-2__

引导问题：

参考上述案例，结合本组小微企业创业项目客户需求，构建项目的门店服务体系，如表 4.1.9 所示。

表 4.1.9 服务体系构建表

服务理念	服务人员	服务内容与流程	服务标准

4.1.2.8 合作研学

任务工作单1

组号：_____ 姓名：_____ 学号：_____ 检索号：__4128-1__

引导问题：

（1）小组交流讨论，教师参与，修改和完善本组项目门店的服务体系内容，如表4.1.10所示。

表 4.1.10　服务体系构建表

服务理念	服务人员	服务内容与流程	服务标准

（2）记录自己存在的不足。

_____

_____

4.1.2.9 展示赏学

任务工作单1

组号：_____ 姓名：_____ 学号：_____ 检索号：__4129-1__

引导问题：

（1）每小组推荐一位小组长，汇报小组项目的服务体系构建方案，借鉴每组经验，进一步优化服务体系构建内容，如表4.1.11所示。

表 4.1.11　服务体系构建表

服务理念	服务人员	服务内容与流程	服务标准

（2）检讨自己的不足。

4.1.2.10 评价反馈

任务工作单 1

组号：_____ 姓名：_____ 学号：_____ 检索号：__41210-1__

个人自评表

班级		组名		日期	年　月　日
评价指标	评价内容			分数	分数评定
信息收集能力	能有效利用网络、图书资源查找有用的相关信息等；能将查到的信息有效地传递到学习中			10分	
感知课堂生活	是否熟悉组织结构搭建的步骤，认同分工协作的价值；在学习中是否能获得满足感			10分	
参与态度，沟通能力	积极主动与教师、同学交流，相互尊重、理解、平等；与教师、同学之间是否能够保持多向、丰富、适宜的信息交流			10分	
	能处理好合作学习和独立思考的关系，做到有效学习；能提出有意义的问题或能发表个人见解			10分	
知识、能力获得	1. 能简述服务体系的概念及意义			10分	
	2. 能说出服务体系的构成			10分	
	3. 能根据项目情况进行服务体系设计			10分	
	4. 能进行服务体系各部分具体内容阐述			10分	
思维态度	是否能发现问题、提出问题、分析问题、解决问题、创新问题			10分	
自评反馈	按时按质完成任务；较好地掌握了知识点；具有较强的信息分析能力和理解能力；具有较为全面严谨的思维能力并能条理清楚明晰表达成文			10分	
自评分数					
有益的经验和做法					
总结反馈建议					

任务工作单 2

组号：_____ 姓名：_____ 学号：_____ 检索号：　41210-2　

小组内互评验收表

验收组长		组名		日期	年　月　日
组内验收成员					
任务要求	简述服务体系的概念及意义；说出服务体系的构成；根据项目情况进行服务体系设计；进行服务体系各部分具体内容阐述				
验收文档清单	被验收者4126-1工作任务单 被验收者4126-2工作任务单 文献检索清单				
验收评分	评分标准			分数	得分
	能简述服务体系的概念及意义，错误一处扣5分			20分	
	能说出服务体系的构成，错误一处扣5分			20分	
	能根据项目情况进行服务体系设计，不足一处扣5分			25分	
	能进行服务体系各部分具体内容阐述，错误一处扣2分			20分	
	提供文献检索清单，少于3项，缺一项扣5分			15分	
	评价分数				
不足之处					

任务工作单 3

被评组号：_____ 检索号：　41210-3　

小组间互评表

班级		评价小组		日期	年　月　日
评价指标	评价内容			分数	分数评定
汇报表述	表述准确			15分	
	语言流畅			10分	
	准确概括任务完成情况			15分	
内容正确度	服务体系设计合理可行			30分	
	服务具体内容、标准或流程阐述有理有据			30分	
	互评分数				
简要评述					

任务工作单 4

组号：_____ 姓名：_____ 学号：_____ 检索号：__41210-4__

任务完成情况评价表

任务名称	服务体系的构建		总得分		
评价依据	学生完成的 4126-1、4126-2 任务工作单，完成的 4127-1、4128-1 任务工作单				
序号	任务内容及要求		配分	评分标准	教师评价
					结论 | 得分
1	能简述服务体系的概念及意义	（1）描述正确	10 分	缺一个要点扣 1 分	
		（2）语言表达流畅	10 分	酌情赋分	
2	能说出服务体系的构成	（1）描述正确	10 分	缺一个要点扣 1 分	
		（2）语言流畅	10 分	酌情赋分	
3	能根据项目情况进行服务体系设计	（1）思路正确	10 分	缺一个要点扣 2 分	
		（2）结构合理	10 分	酌情赋分	
4	能进行服务体系各部分具体内容阐述	（1）描述正确	10 分	缺一个要点扣 2 分	
		（2）语言流畅	10 分	酌情赋分	
5	至少包含 3 份文献的检索文献目录清单	（1）数量	5 分	每少一个扣 2 分	
		（2）参考的主要内容要点	5 分	酌情赋分	
6	素质素养评价	（1）沟通交流能力 （2）团队合作 （3）课堂纪律 （4）合作探学 （5）自主研学 （6）培养全方位、多角度分析问题的意识 （7）培养规范、标准意识 （8）培养分工协作的合作意识 （9）培养语言表达能力和沟通能力	10 分	酌情赋分，但违反课堂纪律，不听从组长、教师安排不得分	

营销差异化突围

任务一 爆款打造

4.2.1.1 任务描述

根据小组模拟小微企业创业项目的情况，进行创业项目的爆款产品思考，完成小组小微创业项目的爆款产品打造设计表，如表 4.2.1 所示。

表 4.2.1 爆款产品打造设计表

市场分析			
竞品分析			
受众分析	分析用户需求	□痛点：克服恐惧	痛点描述：
		□爽点：即时满足	爽点描述：
		□痒点：虚拟自我满足	痒点描述：
	可溢价特点		

4.2.1.2 学习目标

1. 知识目标
（1）理解爆款产品打造的必要性。
（2）掌握爆款打造过程的总体思路。

2. 能力目标
（1）能根据模拟项目状况和竞争对手找出产品差异化内容。
（2）能完成爆款产品打造设计表。

3. 素质素养目标
（1）培养抓住重点解决问题的思维方式。
（2）培养创新意识，落实创新实践。
（3）培养以质为本、诚信务实的工作作风，树立以用户为中心的服务意识。

4.2.1.3 重难点

1. 重点
理解爆款产品打造的必要性。

2. 难点
（1）能根据模拟项目状况和竞争对手找出产品差异化。
（2）能完成爆款产品打造设计表。

4.2.1.4 相关知识链接

1. 爆款打造的必要性（即为什么要做爆款产品）

在企业管理学中认为，通常一个企业80%的利润来自它20%的产品或项目，这就是大家熟知的"二八定律"。同样，在经营实践中，80%左右的销量往往来自20%左右的爆款。爆款产品能够在短时间内有高数量的单品销量，给店铺带来丰厚且稳定的营业额，并且还能带动其他产品的关联销售。可以说，爆款产品不仅能稳定店铺营收，还有助于改善店铺的整体经营。

在成功的营销策划活动中，爆款产品会引入自然流量，提升店铺人气。一个店铺要想给客户留下深刻的印象，通常需要具备一定特色的产品，从而让客户一旦有相应需求，就会想到这家店铺。相对而言，爆款往往是能在某些特定方面很好地满足客户需求的，同时出色的销量又便于爆款在客户需要时被想起，从而持续带来自然人流，提升店铺的人气。

在客户关系管理中，爆款是吸引回头客，建立客户忠诚度的纽带。借助爆款，可以显著增加店铺的人流量，也使得店铺的曝光机会增多，这时，店铺努力提升服务质量，用心服务好每个客户，提升客户的满意度，会增强客户持续来店购买产品的兴趣和信心，有利于为店铺培养回头客。总的来说，每家经营成功的店铺，几乎都会有自己的爆款。

在品牌建设上，爆款产品可以帮助企业建立品牌优势。产品力是品牌的基石。事实上，目前大家都有共识——爆款的品牌难做，爆款产品好做。先做爆款产品，再用爆款产品去撬动品牌建设，这个路径简单很多。当爆款单品有了，紧接着就得思考，如何成就爆款品牌。其实，大多数行业内一般的做法是"再做几个爆款产品"。书亦烧仙草的品牌崛起主打其爆款单品——烧仙草奶茶；蜜雪冰城抢占三四线城市，靠的是高性价比的甜筒冰淇淋和珍珠奶茶；兰芳园出圈也就是靠鸡蛋仔+丝袜奶茶+双皮奶。不仅食品业，你会发现身边很多品牌一旦有产出三款以上爆款的能力，这个品牌也一定程度上算是个爆款品牌。3G、3GS的积淀，造成了苹果4的火热。华为也是一样，正是P10、P20和Mate20的技术积累，导致P30占据了国内安卓机的大部分市场。如果一个产品周期内出现三款爆款产品，那么这个品牌就很容易成为爆款品牌。

2. 爆款打造过程的总体思路

爆款打造本是一个电商名词，各大电商平台都有极为细致的爆款打造方法，这里针对小微创业的创业者而言，首先需要了解爆款打造的总体思路，然后再根据所在行业和平台做更深入的理解与运用，一般爆款产品打造过程的总体思路如图4.2.1所示。

第一步，分析用户需求，选定产品，找到差异化。
第二步，市场推广。
第三步，活动引爆。

由于小微创业企业精力和实力有限，在此主要阐述"分析用户需求，选定产品，找到差异化"。

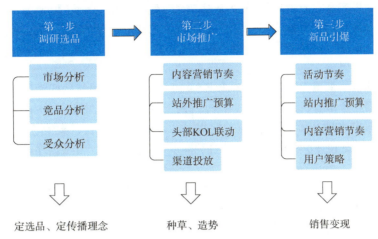

图 4.2.1　一般爆款产品打造过程的总体思路

"分析用户需求，选定产品"，即找到适合用户的产品。我们这里说的适合的产品，是指用户能接受的产品，这个产品要么解决用户的痛点，如海飞丝去屑洗发水解决了有头屑顾客的痛点；要么找到了用户的爽点，如阿道夫香氛洗发水，其品牌创始人陈殿松在游历欧洲时，有幸与西班牙调香师阿道夫·马丁斯·甘宁相遇，调配出了一款能够唤醒人的情感的经典味道，具有较高的辨识度，洗发水散发出来的香氛气味很高级，让部分对洗发水有香味要求的用户身心愉悦，这即用户爽点。所以用户接受的产品，不仅仅局限于质量，也不单单基于价格便宜等因素。因此，细分出目标用户，分析他们的需求，是爆款产品打造的基石，一个用户不适合的产品，产品质量再好，价格卖得再便宜，也不会有用户来买账，同样也达不到所谓的爆款。

"找到差异化"，在爆款产品打造实际操作中，有一种思维是对标思维，即模仿爆款，同行业头部品牌已经做成功的爆款产品，我们模仿做一款类似产品，因为头部大企业有更好的实力调研用户需求，这种思维和操作其实是经营前期很提倡使用的一种方法。但随着创业项目的发展，在后期需要打造有创业品牌辨识度的爆款产品，或者说在现在的社会环境下，更鼓励有鲜明特色的产品来满足现在新消费群体凸显个性的消费心理，所以需要有迭代思维，即根据自己选定的用户群体"优化"他人的爆款；或者运用整合思维，将爆款 X 和爆款 Y 的爆款核心因子整合出一款全新的、更适合于目标用户的 Z 产品，模仿优秀，找到差异化，结合创新超越优秀。

3. 爆款打造的方法

需要大家关注的是，爆款打造并不是一个单一的运营技巧，而是一种综合运营，它会涉及流量、转化以及一些其他内容，在打造爆款之前，我们首先需要具有一个爆款的思维，第一就是选择什么产品来做爆款，针对现有的产品，去确定它是否具有爆款因子，那爆款因子指的是什么呢？大家注意这三个关键词：体量大、利润高、竞争小，在这三个特征中，爆款至少要具备两个特征，如果三个同时满足更好；第二，需要做一个未来的爆款计划，即如何推广；第三，如果这个产品会成为一个爆款，需要去评估自身的订单承接能力，即你的交付能力或供应链是否能够跟上。对爆款打造整体有了一定认知的情况下，有一些具体的方法可供大家参考。

第一种，对标思维模式下的跟款法。

这种方法简单直接，同行业头部品牌已经做成功的爆款产品，我们模仿做一款类似产品。这种是创业初期比较常用的，此方法有利有弊，并不是所有的跟款都能做起来。别人卖得好的款说明市场需求大，有市场需求就有爆起来的可能。但这种跟款的弊端就是别人已经积攒了很多销量和评价，如果产品在质量或者价位上没有绝对优势，比较难与其抗衡。不过这种方法如果跨平台来做是非常好的，比如你有淘宝店铺还有京东或者苏宁其他平台渠道，这时可以跟淘宝的爆款去其他平台做，比在淘宝做赢得的机会更大。

第二种，活动选爆款。

通过一次活动策划来选出潜力爆款，选定8~10个当季款，用新品低价抢购为促销口号。要打造爆款，初期推广费是有一定需要的，经过一两天的活动，选出前三个销量最好的款，其他产品开始涨价。选出来的3款可以作为预定爆款，不要马上提价，要有个过程，先涨10%~20%，有了一定的销量和评价基础，然后结合利润以及推广成本，价格循序渐进提升。

第三种，预售法。

预售是最近一两年兴起的一种手法，既避免了压货的风险又能造成饥饿营销的效果。在产品样板打好后，先不大批量生产，在店铺以预售的形式选出更受欢迎的款，然后反馈不好的款可以直接摒弃。同样在店铺搞预售活动，一般预售15天，在特定时间内进行秒杀活动，此方法参考的重要数据在线上就是收藏量，在活动期间内收藏量最好的产品就是要找的潜力爆款，在线下参考的重要数据就是预售定金额，收藏量最大或预售订金额最高的就可以开始下单生产，预售期间的订单发出后就有了基础评价和口碑，然后开始结合各种渠道种草和促销活动等引爆产品。

延伸阅读：从小米看爆款产品的底层逻辑

以上列举了几种爆款打造方法，只是供大家参考，具体情况具体分析，实际操作还是要依照实际情况做相应调整，不可一成不变。

4. 爆款如何带动整店

爆款带动整店的原理在于店铺有了流量，爆款做了大量用户积累，带动其他产品销售。所以当爆款预热时，需要注意相关产品布局。

第一，爆款。这个款式的作用就是引流，吸引更多有意向的买家，通过较低的利润空间走量，提升店铺的人气。

第二，活动款。这个款式可以在店铺内外活动时拿出来亮相，这种款式不是一味的低客单价产品，做活动的目的就是清理库存，冲量，还有增加客户体验。所以在产品质量有保证的情况下，利润空间可以舍弃一些，款式要受大家喜爱。优惠价格的差距要明显一些，平时100元的产品，活动你卖89元，和平时189元的产品活动时卖89元，给客户的冲击感是不一样的。

第三，利润款。这个产品通俗地讲就是赚钱的产品，主打的定位就是创意特点，服务的就是小众群体，有卖点，有质量保证。消费者的需求就是个性化。所以价格不是首要考虑的因素，推广时可以定向操作，对目标人群进行高溢价操作，提升销量。

第四，高端款。这个是小定位人群，目的是提升店铺的品质和形象，走高端路线，这也是要分出一小部分精力去维护的款式。

4.2.1.5 素质素养养成

（1）在爆款产品打造过程中，大家要理解"二八定律"，明确爆款产品对运营和业绩的重要贡献以及对品牌建设的突出贡献，养成抓住重点解决问题的思维方式。

（2）爆款产品的打造需要找到产品的差异化进行再创造，培养创新意识。

（3）爆款产品打造过程中，以产品为依托，在保证产品质量的情况下再充分发现目标用户更多需求，创新出更多符合用户真实需求的爆款产品，培养以质为本、诚信务实的工作作风；树立以用户为中心的服务意识。

4.2.1.6 任务分组

学生任务分组表如表4.2.2所示。

表4.2.2 学生任务分组表

班级			组号		指导教师	
组长			学号			
组员	姓名		学号	姓名		学号
任务分工						

4.2.1.7 自主探究

任务工作单1

组号：_____ 姓名：_____ 学号：_____ 检索号：4217-1

引导问题：

（1）查阅文献，简述在实际运营工作过程中爆款打造的必要性。

_____

（2）描述爆款产品打造过程的总体思路。

_____

项目视野：

下面以采食屋门店打造的2022年冬季爆款产品（见图4.2.2）为例，完成爆款产品打造设计表，如表4.2.3所示。

图 4.2.2 采食屋 2022 冬季爆款产品"大吉大栗"

表 4.2.3 采食屋 2022 冬季爆款产品"大吉大栗"打造设计表

爆款产品打造设计表			
市场分析	板栗作为一种传统食物，口感软糯、营养价值高，拥有广泛的客户喜爱度		
	市面上大部分奶茶连锁品牌都以板栗元素作为小料，打造 2022 年秋冬新品		
	板栗作为奶茶的添加小料，有了可靠的供货商、价格合适		
竞品分析	CoCo 的鼓鼓栗系列；丸摩堂的福栗系列；奈雪的茶宝藏茶系列新品；书亦烧仙草招牌单品板栗宇泥伯爵奶茶		
受众分析	分析用户需求	□痛点：克服恐惧	痛点描述：
		□爽点：即时满足	爽点描述：冬季是食用板栗的季节，免去手剥板栗的烦恼，和顺滑的奶茶一起入口，即时享受板栗的软糯和奶茶的丝滑
		□痒点：虚拟自我满足	痒点描述：
	可溢价特点	板栗相比珍珠、椰果等奶茶添加小料更健康，以板栗为底料的奶茶系列单价较一般底料的奶茶贵 3~5 元	

任务工作单 2

组号：_____ 姓名：_____ 学号：_____ 检索号：__4217-2__

引导问题：

根据小组模拟小微企业创业项目的情况，进行创业项目的爆款产品思考，完成小组小微创业项目的爆款产品打造设计表，如表4.2.4所示。

表 4.2.4　爆款产品打造设计表

市场分析			
竞品分析			
受众分析	分析用户需求	□痛点：克服恐惧	痛点描述：
		□爽点：即时满足	爽点描述：
		□痒点：虚拟自我满足	痒点描述：
	可溢价特点		

4.2.1.8　合作研学

任务工作单 1

组号：_____ 姓名：_____ 学号：_____ 检索号：__4218-1__

引导问题：

（1）小组交流讨论，教师参与，形成合理的爆款产品打造设计表，如表4.2.5所示。

表 4.2.5　爆款产品打造设计表

市场分析			
竞品分析			
受众分析	分析用户需求	□痛点：克服恐惧	痛点描述：
		□爽点：即时满足	爽点描述：
		□痒点：虚拟自我满足	痒点描述：
	可溢价特点		

（2）记录自己存在的不足。

_____
_____

4.2.1.9　展示赏学

任务工作单 1

组号：_____ 姓名：_____ 学号：_____ 检索号：__4219-1__

引导问题：

（1）每小组推荐一位小组长，汇报小组创业项目爆款产品打造设计方案，借鉴每组经验，进一步优化爆款产品打造设计表，如表4.2.6所示。

表 4.2.6 爆款产品打造设计表

市场分析			
竞品分析			
受众分析	分析用户需求	□痛点：克服恐惧	痛点描述：
		□爽点：即时满足	爽点描述：
		□痒点：虚拟自我满足	痒点描述：
	可溢价特点		

（2）检讨自己的不足。

_____

_____

4.2.1.10 评价反馈

任务工作单 1

组号：_____ 姓名：_____ 学号：_____ 检索号：42110-1

个人自评表

班级		组名		日期	年　月　日
评价指标	评价内容			分数	分数评定
信息收集能力	能有效利用网络、图书资源查找有用的相关信息等；能将查到的信息有效地传递到学习中			10 分	
感知课堂生活	是否熟悉爆款打造的步骤，认同爆款的营销价值；在学习中是否能获得满足感			10 分	
参与态度，沟通能力	积极主动与教师、同学交流，相互尊重、理解、平等；与教师、同学之间是否能够保持多向、丰富、适宜的信息交流			10 分	
	能处理好合作学习和独立思考的关系，做到有效学习；能提出有意义的问题或能发表个人见解			10 分	
知识、能力获得	1. 能理解爆款产品打造的必要性			10 分	
	2. 能掌握爆款产品打造过程的总体思路			10 分	
	3. 能够完成爆款产品打造设计表的填写			20 分	
思维态度	是否能发现问题、提出问题、分析问题、解决问题、创新问题			10 分	
自评反馈	按时按质完成任务；较好地掌握了知识点；具有较强的信息分析能力和理解能力；具有较为全面严谨的思维能力并能条理清楚明晰表达成文			10 分	
自评分数					
有益的经验和做法					
总结反馈建议					

任务工作单 2

组号：_____ **姓名：**_____ **学号：**_____ **检索号：** 42110-2

小组内互评验收表

验收组长		组名		日期	年　月　日
组内验收成员					
任务要求	简述在实际运营工作过程中，爆款打造的必要性；描述爆款产品打造过程的总体思路；根据小组模拟小微企业创业项目的情况，进行创业项目的爆款产品思考，完成小组小微创业项目的爆款产品打造设计表				
验收文档清单	被验收者 4217-1 工作任务单 被验收者 4217-2 工作任务单				
	文献检索清单				
验收评分	评分标准			分数	得分
	能简述实际运营工作过程中爆款产品打造的必要性，错误一处扣 5 分			20 分	
	能说出描述爆款产品打造过程的总体思路，错误一处扣 10 分			30 分	
	能完成小组小微创业项目的爆款产品打造设计表，需求分析不合理之处，一处扣 5 分			35 分	
	提供文献检索清单，少于 3 项，缺一项扣 5 分			15 分	
	评价分数				
不足之处					

任务工作单 3

被评组号：_____ **检索号：** 42110-3

小组间互评表

班级		评价小组		日期	年　月　日
评价指标	评价内容			分数	分数评定
汇报表述	表述准确			15 分	
	语言流畅			10 分	
	准确概括任务完成情况			15 分	
内容正确度	爆款产品选择合理可行			30 分	
	爆款产品打造设计表说明有理有据			30 分	
	互评分数				
简要评述					

任务工作单4

组号：_____ 姓名：_____ 学号：_____ 检索号：_42110-4_

任务完成情况评价表

任务名称		爆款打造		总得分	
评价依据		学生完成的4217-1、4217-2任务工作单，完成的4218-1、4219-1任务工作单			
序号	任务内容及要求		配分	评分标准	教师评价	
					结论	得分
1	1. 能理解爆款产品打造的必要性	（1）描述正确	10分	缺一个要点扣1分		
		（2）语言表达流畅	10分	酌情赋分		
2	2. 能掌握爆款产品打造过程的总体思路	（1）描述正确	10分	缺一个要点扣1分		
		（2）语言流畅	10分	酌情赋分		
3	3. 能够完成爆款产品打造设计表的填写	（1）思路正确	10分	缺一个要点扣2分		
		（2）结构合理	10分	酌情赋分		
4	至少包含3份文献的检索文献目录清单	（1）数量	10分	每少一个扣2分		
		（2）参考的主要内容要点	10分	酌情赋分		
5	素质素养评价	（1）沟通交流能力	20分	酌情赋分，但违反课堂纪律，不听从组长、教师安排不得分		
		（2）团队合作				
		（3）课堂纪律				
		（4）合作探学				
		（5）自主研学				
		（6）培养抓住重点解决问题的思维方式				
		（7）培养创新意识，落实创新实践				
		（8）培养以质为本、诚信务实的工作作风，树立以用户为中心的服务意识				

任务二　视觉传播

4.2.2.1 任务描述

结合本小组小微企业创业项目的主推产品情况和品牌个性，选择适合的传播媒介，撰写创业项目视觉传播策划方案。

4.2.2.2 学习目标

1. 知识目标
（1）掌握视觉传播的概念。
（2）掌握视觉传播的意义和营销方式。

2. 能力目标
能根据创业项目具体情况策划视觉传播的方案。

3. 素质素养目标
（1）培养艺术美学素养。
（2）培养环保意识。
（3）培养高层次传播观念。

4.2.2.3 重难点

1. 重点
掌握视觉传播的意义和营销方式。

2. 难点
能根据创业项目具体情况策划视觉传播的方案。

4.2.2.4 相关知识链接

1. 视觉传播的含义

视觉传播，顾名思义，是经营者把传播内容通过视觉传递到用户。一般情况下，视觉传播并不包含文字的传播，仅指利用图像的传播活动，但包括组合有文字的图像，以及以文字为素材构成的图像等的传播。

传统的视觉传播是以印刷品、摄影与电视等为媒体实现的。随着计算机技术与通信技术的发展，如邮件、电子读物与交互网络的出现，增添了新的媒体，改变了传播模式。自从有声电影诞生以来，视觉传播开始与听觉传播相结合，形成视听一体化的传播形式。视觉传播在技术上与通信技术相对应，视觉传播的发展有赖于图像通信技术的发展，甚至与图像通信形成越来越紧密的关系。

视觉传播的意义

2. 视觉传播下的营销策略

1）有清晰准确的品牌阶段性战略思想做指引

视觉是我们看到的表象，思想才是隐藏在背后的核心和灵魂。特别是推广期品牌，每段时

小微企业创业实战

间都会有不同的主题作为核心思想，比如劲霸一开始就是把夹克做大做强，后来以点带面，由夹克单品成功带动了整体业绩的增长，从而拉动了整个品牌的良性发展。今天，当我们走进夹克的终端，依然可以看见金色的夹克道具附在墙面上。我们说，这是劲霸的战略思想，从开始到现在，坚持不懈，因而获得了成功。

2）形成广告视觉、终端视觉高度统一

通常把电视广告、网络广告、户外广告、纸类广告等统称为"媒体"，这是因为这些途径具有"媒婆"般的作用：它们让消费者对品牌产生初步印象；而此品牌的产品到底好不好，只有使用后才知道。因此广告、终端与产品之间形成了一种无形的链，而这个链就是"名要符实"。

终端在表现时也要注意与广告主题或品牌阶段性主题的吻合，尽量避免主题不符或顾左右而言他。广告界有句有名的话：反复刺激、加深记忆。脑白金广告现象说明，在资讯过剩的年代，不断重复重复再重复，就能让人永远记住。柒牌推中华立领，不仅广告猛打，而且终端宣传跟进、陈列跟进、产品跟进，这样就构成了统一的视觉营销链。

3）注重终端的视觉艺术

法国商人有一句经商谚语：即使是水果蔬菜，也要像一幅静物写生画那样艺术地排列，因为商品的美感能撩起顾客的购买欲望。

随着人们消费观念的改变，消费者要购买的已不只是服装本身，他们开始关心品牌所体现的文化、带来的精神诉求。有句开玩笑的话说，目前中国整体生活质量已经上升到一个高度，因为就服装消费而言，人们在淘汰一件衣服时，绝大多数是因为衣服已经过时，而不是因为衣服旧了或者破掉。终端店铺是品牌与消费者的窗口，它的形象直接决定消费者是否购买该品牌产品。有人说陈列就是从细小的地方体贴顾客，使他们在感受陈列环境的同时愿意逗留并购买产品。因此，很多人直接把终端的陈列艺术称为"视觉营销"。据其统计，店面如能正确运用商品的配置和陈列技术，销售额可以在原有基础上提高10%以上。

许多国内品牌在声势浩大的广告攻势和豪华的卖场装修背后，经常出现凌乱的陈列、过期的招贴及不规范的导购，这样严重影响了顾客对品牌的信任度。

4）在经营过程中注重终端视觉营销的艺术

首先，橱窗陈列可以给用户留下美好的幻象。橱窗紧贴着建筑，或将建筑镂空，面朝着街道，品牌的个性、品牌的品质、品牌的精彩都可以在橱窗上展示。橱窗可根据条件设置封闭式、半封闭式和开放式三种。一般来讲，封闭式橱窗大多为场景设计，展现一种生活形态；半封闭式大多通过背板不完全隔离，具有"怀抱琵琶半遮面"般的吸引功效；开放式则将产品形态或者生活形态完全展现给消费者，亲和力强。

其次，整洁店堂唤起审美的愉悦。一个成熟品牌给人的感觉应该是具有高度美感的视觉享受。整体色调的搭配、灯光给人的冷暖的心理感受、地砖的材质和色彩、道具的装饰等，都应该由专业的公司根据品牌的主题来完成。

最后，合理陈列可以展现货品的优势。货品陈列是门很大的学问，基本要求做到整齐、洁净、统一；新出产品、流行产品、主推的爆款产品要放（挂）在入门便可看见的位置，以显出主次；整齐的叠放、清洁光鲜的店堂、无残损且未过季的物料、干净端庄的导购是店堂良好形象的有力保障。

项目视野：四川国际标榜职业学院创业项目采食屋正是深刻理解了视觉传播的意义，通过干净的操作间、整齐摆放的当季水果和糕点陈列（见图4.2.3），向其用户传递了生态健康的经营理念，同时也赢得了用户的喜爱和信任。

3. 视觉传播可运用的媒介

产品陈列：通过店铺陈列来吸引客户和传达品牌理念。

空间营造：通过店铺空间营造氛围，展现品牌立体视觉效果。

平面海报：通过平面视觉以及海报等来作为一种视觉传播工具。
传媒广告：通过动态视频广告等流媒体形式来进行产品推广或品牌视觉触达。

图 4.2.3　采食屋项目操作间商品陈列

4.2.2.5 素质素养养成

（1）在视觉传播中，要考虑如何运用文字、色彩、空间等元素来突出主题，运用自然、社会与精神中一切美的形态对人的视觉系统进行陶冶，从而提高和培养同学们的艺术美学素养。

（2）在视觉营销中，打造干净明亮、整洁有序的店堂，给客户产品也干净卫生的联想，培养物品归类和爱护公共环境的环保意识。

（3）"目光先于语言"，事物的形态、质地、颜色光亮唤起的是人类共有的知觉记忆，这些记忆会链接词语和观念，打造产品的视觉感官，利用感官记忆进行品牌传播，培养高层次的品牌建设传播意识。

4.2.2.6 任务分组

学生任务分组表如表 4.2.7 所示。

表 4.2.7　学生任务分组表

班级		组号		指导教师	
组长		学号			
组员	姓名	学号		姓名	学号
任务分工					

4.2.2.7 自主探究

任务工作单 1

组号：_____ 姓名：_____ 学号：_____ 检索号：__4227-1__

引导问题：

（1）查阅文献，简述视觉传播的概念和意义。

_____

_____

（2）谈谈视觉传播可运用的媒介。

_____

_____

项目视野：

下面以小微创业项目采食屋的视觉传播方案为例。

第一步：打造 VI 视觉系统，logo 设计和全方位呈现，如图 4.2.4 所示。

采食屋logo　　　　　　　　　　外卖卡片图样设计

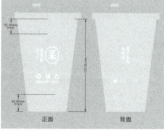

围裙logo应用　　　杯身logo应用　　　杯套logo应用

图 4.2.4　logo 设计

第二步：选择平面海报作为媒介，宣传产品，如图 4.2.5 所示。

图 4.2.5　采食屋产品点单手册

第三步：注重终端的视觉艺术，关注店面陈列，营造整洁干净的购物环境，如图 4.2.6 所示。

图 4.2.6　采食屋门店陈列实景图

任务工作单 2

组号：_____　姓名：_____　学号：_____　检索号：　4227-2

引导问题：

结合本小组小微企业创业项目的主推产品情况和品牌个性，选择适合的传播媒介，撰写小组小微创业项目视觉传播策划方案。

4.2.2.8 合作研学

任务工作单 1

组号：_____ 姓名：_____ 学号：_____ 检索号：4228-1

引导问题：

（1）小组交流讨论，教师参与，讨论小组创业项目的视觉传播媒介选择是否恰当，优化创业项目视觉传播策划方案。

（2）记录自己存在的不足。

4.2.2.9 展示赏学

任务工作单 1

组号：_____ 姓名：_____ 学号：_____ 检索号：4229-1

引导问题：

（1）每小组推荐一位小组长，汇报创业项目视觉传播策划方案，借鉴每组经验，进一步优化创业项目视觉传播策划方案。

（2）检讨自己的不足。

4.2.2.10 评价反馈

任务工作单1

组号：_____ 姓名：_____ 学号：_____ 检索号：　42210-1

个人自评表

班级		组名		日期	年　月　日
评价指标	评价内容			分数	分数评定
信息收集能力	能有效利用网络、图书资源查找有用的相关信息等；能将查到的信息有效地传递到学习中			10分	
感知课堂生活	是否熟悉视觉传播的概念、意义和营销方式，认同视觉营销的价值；在学习中是否能获得满足感			10分	
参与态度，沟通能力	积极主动与教师、同学交流，相互尊重、理解、平等；与教师、同学之间是否能够保持多向、丰富、适宜的信息交流			10分	
	能处理好合作学习和独立思考的关系，做到有效学习；能提出有意义的问题或能发表个人见解			10分	
知识、能力获得	1. 能掌握视觉传播的概念			10分	
	2. 能掌握视觉传播的意义、营销方式和传播媒介			15分	
	3. 能根据创业项目具体情况策划视觉传播的方案			15分	
思维态度	是否能发现问题、提出问题、分析问题、解决问题、创新问题			10分	
自评反馈	按时按质完成任务；较好地掌握了知识点；具有较强的信息分析能力和理解能力；具有较为全面严谨的思维能力并能条理清楚明晰表达成文			10分	
自评分数					
有益的经验和做法					
总结反馈建议					

任务工作单2

组号：_____ 姓名：_____ 学号：_____ 检索号：　42210-2

小组内互评验收表

验收组长		组名		日期	年　月　日
组内验收成员					
任务要求	能简述视觉传播的概念和意义；能选择适合项目的视觉传播可运用的媒介；能结合本小组小微企业创业项目的主推产品情况和品牌个性，选择适合的传播媒介，撰写创业项目视觉传播策划方案				

续表

验收文档清单	被验收者4227-1工作任务单 被验收者4227-2工作任务单 文献检索清单		
验收评分	评分标准	分数	得分
	能简述视觉传播的概念，错误一处扣5分	10分	
	能说出视觉传播的意义和营销方式，错误一处扣5分	35分	
	能根据创业项目具体情况策划视觉传播的方案，媒介选择不合适，一处扣3分；方案可行性不高，一处扣5分	40分	
	提供文献检索清单，少于3项，缺一项扣5分	15分	
	评价分数		
不足之处			

任务工作单3

被评组号：_____ **检索号：** 42210-3

小组间互评表

班级		评价小组		日期	年 月 日
评价指标	评价内容			分数	分数评定
汇报表述	表述准确			15分	
	语言流畅			10分	
	准确概括任务完成情况			15分	
内容正确度	视觉传播的方案合理可行			30分	
	视觉传播的媒介选择有理有据			30分	
	互评分数				
简要评述					

任务工作单4

组号：_____ **姓名：**_____ **学号：**_____ **检索号：** 42210-4

任务完成情况评价表

任务名称	视觉传播			总得分		
评价依据	学生完成的4227-1、4227-2任务工作单，完成的4228-1、4229-1任务工作单					
序号	任务内容及要求		配分	评分标准	教师评价	
					结论	得分
1	能简述视觉传播的概念	（1）描述正确	10分	缺一个要点扣1分		
		（2）语言表达流畅	10分	酌情赋分		

续表

序号	任务内容及要求		配分	评分标准	教师评价	
					结论	得分
2	能说出视觉传播的意义和营销方式	（1）描述正确	10分	缺一个要点扣1分		
		（2）语言流畅	10分	酌情赋分		
3	能根据创业项目具体情况策划视觉传播的方案	（1）思路正确	10分	缺一个要点扣2分		
		（2）结构合理	10分	酌情赋分		
4	至少包含3份文献的检索文献目录清单	（1）数量	15分	每少一个扣5分		
		（2）参考的主要内容要点	5分	酌情赋分		
5	素质素养评价	（1）沟通交流能力	20分	酌情赋分，但违反课堂纪律，不听从组长、教师安排不得分		
		（2）团队合作				
		（3）课堂纪律				
		（4）合作探学				
		（5）自主研学				
		（6）培养艺术美学素养				
		（7）培养环保意识				
		（8）培养高层次传播观念				

任务三 活动引流

4.2.3.1 任务描述

结合本小组小微企业创业项目的情况和所处阶段,完成创业项目线下引流主题活动的设计。

4.2.3.2 学习目标

1. 知识目标
(1) 掌握活动引流的概念。
(2) 掌握活动引流的原则和流程。

2. 能力目标
能根据项目阶段进行线下引流主题活动设计。

3. 素质素养目标
(1) 培养传承创新的文化自信。
(2) 培养全局规划和实践行动相统一的职业素养。
(3) 培养竞争合作思维。

4.2.3.3 重难点

1. 重点
掌握活动引流的原则和流程。

2. 难点
能根据项目阶段进行线下引流主题活动设计。

4.2.3.4 相关知识链接

1. 活动引流的概念
通过进行一些线上或线下活动的方法,让对你产品有兴趣、有需求的人来主动加入你的私域,这就叫引流,流量越多,转换率相对就会越高,成交量也会随之提升。

2. 活动引流的原则
1) 主题鲜明化
引流活动实质是一种商业性大众活动,因此应该有鲜明化的主题思想。主题是引流活动的策划灵魂,也是吸引目标用户的根本。一般来说,策划活动时,可以从以下几个方面进行主题定位:社会主题文化(如奥运体育文化)、社会节日文化、人文道德精神文化、时代文化(如绿色环保文化、科技文化等)、品牌文化、商品文化等。
2) 形式娱乐化
引流活动策划时,应该重视活动形式的设计,引导客户出于娱乐和好奇而积极参与活动。活动宣传策略的成功运用,取决于客户的参与规模。如果商业色彩太浓,用户就会识破活动的意图,参与活动者甚少,自然无法产生轰动效应。相反,如果能根据用户心理特点,策划出符合其心理需求的活动，娱乐色彩比较强，用户就会踊跃参加，引流活动就能真正发挥巨大的影响作用。

有聊咖啡内容输出引流案例

有聊咖啡内容输出引流案例视频

3）品位文化

现代客户是高度重视文化享受的，文化性心理需要比较强。客户参与活动的动机并不是购买商品，而是寻找一种感性化、大众化的文化休闲机会。他们要求活动具有一定的文化品位、文化气息。因此，策划引流活动时，应该讲究文化性，从主题思想、活动形式到现场气氛、赠送礼品设计都应突出文化色彩，给用户以文化美的享受，借助文化机制来吸引客户。

4）刺激利益化

客户参与引流活动有时存在一定的惰性，需要我们给予刺激，才能激发出参与活动的愿望。刺激的途径很多，其中最主要的应是利益刺激。利益，总是客户追求的目标。在引流活动中，可以根据客户的经济动因，设置较有吸引力的奖品、奖金，引导广大客户出于获利而积极参与到活动中来，接受宣传影响。

5）程序情节化

引流活动作为一种程序性项目，应该富有情节性。情节的设计与安排要符合主题思想、活动品位和促销宣传的需要，同时还要有趣味性、高潮性和煽情性，使引流活动组织井然有序，形式生动活泼，以欢快的现场气氛和富有感染力的情节稳住到场客户。

6）心理参与化

在引流活动中，客户的参与有两个层次：第一层次是形式参与，到了活动现场，能够感受到现场气氛，但心理活动还没有到位，没有产生相应的心理思维。第二层次是心理参与，即不仅到达现场，而且还为之高兴，产生出愉快的心理思维，自觉关心活动的进行和发展。在引流活动策划过程中，应该选择具有容易引起兴趣的主题，设计具有新奇色彩的活动项目，以出乎人们意料的形式巧妙地推出，有意识地对用户的心理思维过程进行影响，实现心理参与化的目的。

7）时机科学化

活动的时机选择要恰当。一般而言，宣传企业形象、品牌形象和商品形象的专题活动，应安排在节假日或者是商品消费的热点期。在节假日里，一方面客户有闲暇时间，有空参加活动；另一方面，客户有比较强烈的娱乐、休闲愿望。这样，就可能有比较多的客户前来参加活动。而在某种商品消费热点期举办相关活动，如夏天举办啤酒文化节，则可进一步吸引客户的消费愿望，扩大消费客户队伍。

8）要求简单化

引流活动的目的是吸引大量目标客户来认知企业形象、品牌形象和商品状态。因此，对客户的要求应该简单化，从客户的参与条件到活动中的操作性介入，都应力求简单。苛刻的条件设置、对客户过高的表演或到场要求等，会淡化客户的参与欲望，这是不利于客户到场参加活动的。

9）活动系列化

企业如果能定期举办具有内在联系的活动，活动与活动之间在主题上具有呼应性，在形式上具有配合性色彩，表现出相对稳定性，就可以创造出引流活动的规模效应和"名牌效应"，从而吸引更多的客户参与到活动之中，利用客户心理积累效应强化企业的市场影响力。

10）氛围轻松化

在气氛的营造方面，要运用一些艺术表现形式，选用鲜明的色彩，制作悬挂多种充满欢乐气息的宣传品，使活动现场洋溢出祥和、欢快、喜庆的色彩，给客户以轻松愉快的享受。

3. 社群活动引流

运营社群的人都知道，作为社群运营的重头戏，活动是不可忽视的重要环节。从最早诞生的小米米粉节，再到淘宝的"双11"，以及思维的线下读书会、相亲会……甚至于更多中小社群举办的线下见面会、线上直播活动等，越来越多的社群将活动打造成为社群的重心与名片。

为什么活动越来越成为社群发展的主流？相比社群内三三两两的话题，以及时而发放的红包，活动无疑更注重仪式感、流程感，并且几乎所有人都有机会参与。

社群内的小型活动，无论从发起到组织，再到场地协调等，几乎全部由社群成员完成，参与度极高；而对大型活动来说，不仅提升了社群成员的参与感，更带来了极高的荣誉感！那么，一般的活动引流怎么做？

1）活动前的调研

很多社群在真正开始策划活动之前往往忽视了一个最关键的工作，那就是活动策划前的准备工作，即动前调研。通过活动前调研策划的社群活动才会更稳妥，在后期执行过程中也更能达到我们想要的效果。

（1）竞品类似情况分析。竞品社群，粉丝属性以及社群定位和我们的社群相类似，所以我们在举办活动之前可以多看看他们都举办过哪些活动，那些活动的效果怎么样，分析一下竞品社群活动的亮点和不足，结合我们社群发展的自身特点和实际，试着学习并模仿着策划一下自己的活动。通过分析竞品的做法及时完善我们的活动机制中不足的地方，结合他们优势，借鉴并运用到我们的活动策划与执行当中去。

（2）个别节点人物访谈。结合竞品社群的特点，我们有了社群活动的初步想法之后，先不要紧接着做出策划设计，在做设计之前还要做一个基础性工作，就是听取节点人物和种子用户的建议。

节点人物本身就是社群里比较有代表性的粉丝，所以这部分人的反馈很大程度上就反映出社群成员对活动的认可程度。另外，来自社群官方的尊重也可以让这些节点人物更有使命感和归属感。活动在真正开始策划之前，结合了这部分人的意见和建议，在后期的执行中，这些在社群里有一定影响力的人物就会充分发挥带头作用，更好地体现社群的活动效果。

2）不同阶段商家活动引流怎么做？

阶段一，建立社群，增加人气。客流量不稳定且还没有建立线上社群的店铺/商家，主要目的是增加人气，创建线上社群。阶段一的店铺/商家，客流量不稳定，可以先建立社群。选择一款爆款通用产品或者以超低价来进行引流，吸引用户到店并转化为微信好友/群。将现有资源、朋友圈、微信群等流量活跃起来，结合转发分享，积极拓展外部社交流量。适合的活动：砍价、抽奖、优惠券。例如，微信群分享红包+链接，充分调动群积极性；朋友圈分享福利，凭转发分享该内容到店消费，可获得小礼物一份；到店消费后晒朋友圈返红包等活动，增加二次曝光。划重点：顾客消费完，结账时可以给顾客发优惠券，刺激顾客下次复购；可以添加用户微信，在领电子券时可以很自然地邀请顾客加好友，好方便给他发优惠券。

阶段二，社群运营，复购，裂变。已经建立社群但是社群不活跃的店铺/商家，主要目的是活跃社群，提高复购率，同时进行老带新有效拓展。建议时常维护社群，发布社群活动，充分利用现有老客户进行老带新裂变的拓客活动。适合的活动：拼团、砍价、秒杀、抽奖、优惠券。

例如，定期发布群内专享秒杀/特价/优惠券活动，保持群活跃，增加复购，发布拼团活动，老用户拉人入群或消费给予奖励。

阶段三，异业合作，资源共享，阶段三的店铺/商家，已经有稳定活跃的社群，可以考虑异业合作，资源共享，增加用户。用户群较匹配、不同品类的商家合作，精准获客，互惠互利。适合的活动：优惠券组合包，可以将不同商家的优惠券组合成一个活动，参加异业合作商家同步推广，私域流量共享共赢。例如，奶茶店与水果店合作，美发与美甲，服装与配饰……在互相店里放优惠券等活动，互利互惠。

4.2.3.5 素质素养养成

（1）在引流活动策划过程中，要考虑鲜明的活动主题，这就要求大家学习借鉴相关行业成功引流活动的同时，建立对国家和民族文化的认同感和自豪感，结合自身项目和产品情况进行深入的思考，创新出更符合新时代主旋律的主题引流活动，培养民族文化自信。

（2）引流活动程序较多且环环相扣，既要考虑到活动的总体目标达成，又要兼顾每一个活动步骤的实施落地情况，这就需要大家既要有全局规划的思维，又要兼顾实践行动，培养全局规划和实践行动相统一的职业素养。

（3）在商家引流活动的后期阶段，同业之间的相互引流，异业联盟活动的举办，都要求经营者有竞争合作思维，打开胸怀和格局，和同业的伙伴一起协力变得更强大。

4.2.3.6 任务分组

学生任务分组表如表4.2.8所示。

表4.2.8 学生任务分组表

班级			组号		指导教师	
组长			学号			
组员	姓名		学号	姓名		学号
任务分工						

4.2.3.7 自主探究

任务工作单 1

组号：_____ 姓名：_____ 学号：_____ 检索号： 4237-1

引导问题：

（1）查阅文献，简述活动引流的概念。

_____

_____

（2）概括活动引流的原则和流程。

_____

_____

项目视野：

下面以小微创业项目采食屋的圣诞节主题引流活动为例。

小微创业项目采食屋主营鲜果销售和果切服务，搭配经营奶茶和蛋糕销售。如图4.2.7~图4.2.9所示，在2022年圣诞节之际，采食屋推出不同圣诞主题包装的新鲜苹果售卖，同时推出圣诞周限定的圣诞主题奶茶新品，辅以新品买一赠一和圣诞老人赠礼等营销策略举办的圣诞节为主题的引流活动，吸引了采食屋周边大量用户参与此次引流活动并进行新品购买或会员注册，引流活动超目标完成。

图 4.2.7 不同圣诞主题包装的新鲜苹果售卖图

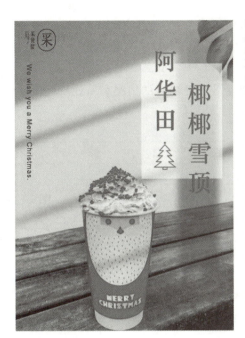

图 4.2.8　采食屋圣诞节主题奶茶新品

图 4.2.9　采食屋圣诞节主题引流活动现场

任务工作单 2

组号：_____ 姓名：_____ 学号：_____ 检索号：__4237-2__

引导问题：

参考上述案例的主题活动，结合本小组小微企业创业项目的情况和所处阶段，设计一个创业项目线下引流主题活动。

_____
_____
_____
_____
_____
_____
_____
_____

4.2.3.8 合作研学

任务工作单 1

组号：_____ 姓名：_____ 学号：_____ 检索号：__4238-1__

引导问题：

（1）小组交流讨论，教师参与，优化创业项目线下引流主题活动的设计。

_____
_____
_____
_____
_____
_____
_____

（2）记录自己存在的不足。

_____
_____

4.2.3.9 展示赏学

任务工作单 1

组号：_____ 姓名：_____ 学号：_____ 检索号：__4239-1__

引导问题：

（1）每小组推荐一位小组长，汇报创业项目线下引流主题活动的设计，借鉴每组经验，进一步优化线下引流主题活动的设计。

(2) 检讨自己的不足。

4.2.3.10 评价反馈

任务工作单 1

组号：_____ 姓名：_____ 学号：_____ 检索号：__42310-1__

个人自评表

班级		组名		日期	年　月　日
评价指标	评价内容			分数	分数评定
信息收集能力	能有效利用网络、图书资源查找有用的相关信息等；能将查到的信息有效地传递到学习中			10 分	
感知课堂生活	是否熟悉引流活动的原则，在活动策划中运用自如；在学习中是否能获得满足感			10 分	
参与态度，沟通能力	积极主动与教师、同学交流，相互尊重、理解、平等；与教师、同学之间是否能够保持多向、丰富、适宜的信息交流			10 分	
	能处理好合作学习和独立思考的关系，做到有效学习；能提出有意义的问题或能发表个人见解			10 分	
知识、能力获得	1. 能掌握活动引流的概念			10 分	
	2. 能掌握活动引流的原则和流程			10 分	
	3. 能根据项目阶段进行线下引流主题活动设计			20 分	
思维态度	是否能发现问题、提出问题、分析问题、解决问题、创新问题			10 分	
自评反馈	按时按质完成任务；较好地掌握了知识点；具有较强的信息分析能力和理解能力；具有较为全面严谨的思维能力并能条理清楚明晰表达成文			10 分	
	自评分数				
有益的经验和做法					
总结反馈建议					

任务工作单 2

组号：_____ 姓名：_____ 学号：_____ 检索号：42310-2

小组内互评验收表

验收组长		组名		日期	年 月 日
组内验收成员					
任务要求	查阅文献，简述活动引流的概念；概括活动引流的原则和流程；参考案例中的主题活动，结合本小组小微企业创业项目的情况和所处阶段，完成线下引流主题活动设计				
验收文档清单	被验收者 4237-1 工作任务单 被验收者 4237-2 工作任务单				
	文献检索清单				
验收评分	评分标准		分数		得分
	能阐述活动引流的概念，错误一处扣 5 分		20 分		
	能说出活动引流的原则和流程，错误一处扣 5 分		30 分		
	能根据项目阶段进行线下引流主题活动设计，活动设计不符合实际情况之处，每一处扣 5 分		35 分		
	提供文献检索清单，少于 3 项，缺一项扣 5 分		15 分		
	评价分数				
不足之处					

任务工作单 3

被评组号：_____ 检索号：42310-3

小组间互评表

班级		评价小组		日期	年 月 日
评价指标	评价内容		分数		分数评定
汇报表述	表述准确		15 分		
	语言流畅		10 分		
	准确概括任务完成情况		15 分		
内容正确度	引流活动设计合理可行		30 分		
	活动主题说明有理有据		30 分		
	互评分数				
简要评述					

任务工作单4

组号：_____ 姓名：_____ 学号：_____ 检索号：42310-4

任务完成情况评价表

任务名称		活动引流		总得分		
评价依据		学生完成的 4237-1、4237-2 任务工作单，完成的 4238-1、4239-1 任务工作单				
序号	任务内容及要求		配分	评分标准	教师评价	
					结论	得分
1	能简述活动引流的概念	（1）描述正确	10分	缺一个要点扣1分		
		（2）语言表达流畅	10分	酌情赋分		
2	能概述活动引流的原则和流程	（1）描述正确	10分	缺一个要点扣1分		
		（2）语言流畅	10分	酌情赋分		
3	能根据项目阶段策划适当的线下引流活动方案	（1）思路正确	10分	缺一个要点扣2分		
		（2）结构合理	10分	酌情赋分		
4	至少包含3份文献的检索文献目录清单	（1）数量	15分	每少一个扣5分		
		（2）参考的主要内容要点	5分	酌情赋分		
5	素质素养评价	（1）沟通交流能力 （2）团队合作 （3）课堂纪律 （4）合作探学 （5）自主研学 （6）培养传承创新的文化自信 （7）培养全局规划和实践行动相统一的职业素养 （8）培养竞争合作思维	20分	酌情赋分，但违反课堂纪律，不听从组长、教师安排不得分		

任务四 社群建设

4.2.4.1 任务描述

结合本小组小微企业创业项目的具体情况和方向,参考下面案例(见图4.2.10),拟定两个主题明确的社群,并为每个社群撰写两个日常输出的内容。

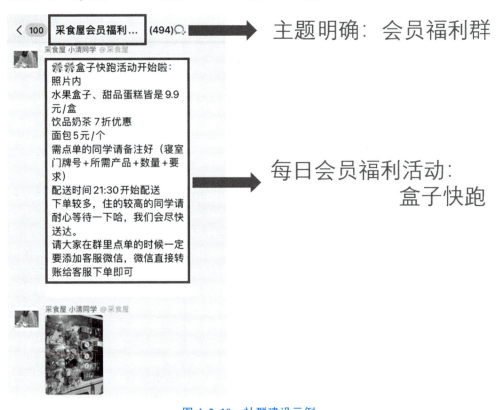

图 4.2.10 社群建设示例

4.2.4.2 学习目标

1. 知识目标
(1) 掌握社群的概念和优势。
(2) 掌握社群建设的步骤和方法。

2. 能力目标
能够建设主题明确的社群并坚持内容输出。

3. 素质素养目标
(1) 培养爱岗敬业、持之以恒的职业品格和行为习惯。
(2) 培养重质量、守诚信的价值观。
(3) 培养品牌意识。

4.2.4.3 重难点

1. 重点

掌握社群建设的步骤和方法。

2. 难点

能够建设主题明确的社群并坚持内容输出。

4.2.4.4 相关知识链接

1. 社群的概念

社群是拉新的重要手段，获客成本低，而且用户精准，转化率高。在后疫情时代，直接面对用户的企业或店铺建立用户社群，通过建设社群来实现产品价值转化，俨然成为营销突围性价较高的方法。那什么是社群？简单来说，社群就是一群有共同兴趣、认知、价值观的人抱成团，然后在一起互动、交流、协作、感染，对产品或品牌本身产生反哺的价值关系。所以相比于个人号、公众号等，社群是更具稳定的私域流量。

2. 社群的优势

（1）用户触达成本低。

（2）用户触达时机及触达频次更可控。

（3）影响用户更深，建立信任的机会更大。

3. 社群建设的步骤和方法

第一步：明确社群定位，目的单一、话题集中。

社群的本质是一群有着同样目的的人在一个群内为了同一件事进行交流，用户加入社群也是基于某个目的，如"PPT学习群"是学习PPT技能，"钱大妈内购群"是为了每天领钱大妈的优惠券。例如创业项目采食屋的"会员福利群"，就是基于会员体系给会员用户额外提供的外送服务和会员优惠折扣福利。

第二步：持续内容输出，如图4.2.11所示。

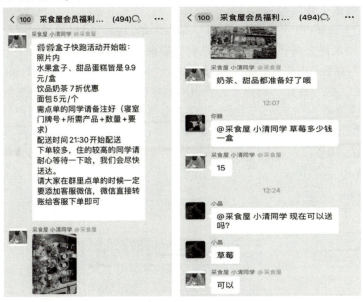

图 4.2.11　采食屋社群内容输出

前文说过每个加入社群的用户都带有目的而来,作为社群的创建人和管理者我们必须持续为用户创造有价值的内容,才能保持社群的活跃。从经验来看,内容的价值并不局限于活跃用户,也能对用户拉新产生重要作用,持续的内容输出是社群拉新的动力源泉。那么,什么样的内容适合于社群呢?

①内容专业性强,根据社群定位,展示社群需要输出的价值观和品牌理念。

②内容形式好,微信群里最易于阅读和分享的内容是图片,可以把每一个内容模板都制作成图片,而不是资讯文章,这样便于用户分享。

③迭代创新,保持持续的迭代创新,避免用户审美疲劳,也保持市场领先地位。不仅从 UI 效果上保持迭代,在新的内容模板和专业性上也保持迭代。

④入群引导,可在每个内容模板图片上都加上入群二维码,便于新用户进群。

第三步:线上线下关键性联动,策划让粉丝参与的重点活动。

为了提高社群的积极性,增强社群成员之间的互动和联系,社群要定期举办线下活动。社区建设,线下活动是聚合、互动最有效的方法之一。不同的社群有不同的文化特点,所以线下活动也不尽相同。只有经常性地互动,拉近用户与社群之间的关系,才能让用户感觉到真实的亲切感和归属感,同时也能迅速和用户之间建立起良好的信任。活动策划让粉丝参与其中是重点,我们可以明确活动目的,比如举办什么样的活动能契合社群的核心思想,活动的时间计划表则要遵从符合社群成员的时间表,提前宣传和造势。活动可把重点放在社群成员的参与互动上,让线上线下的粉丝相互转化,以期联通线上线下渠道。活动以用户需求为中心,从不同角度和定位出发,这样才能激发粉丝的兴趣和自发力。

第四步:沉淀社群的文化。

利用社群的成功模式帮助社群成员实现盈利的转化。通过连接和引流,就是让所有的社群成员紧紧地围绕着社群,在社群体系下进行传播。极大可能地使虚拟社群产生裂变式增长。社群经济作为一种新兴的商业形态,从传统的交易模式逐步向体验、参与模式全方位转型。社群通过老成员的不断沉淀和晋升给社群带来更深层次的思考,而不断加入的新人则为社群创造全新话题。要达到这一点必须利用社群文化的凝聚力。社群文化可以是主流文化也可以是非主流文化。充分听取多方面的意见建议,并加以利用,同时也能让社区成员感受到重视与尊重。这样社群成员也能产生强烈的自觉性,才能不断传播社群文化和社群影响力。

4. 社群转化的两个营销要点

值得一提的是,私域的"鱼"不是绝对"私有"的,一个用户可能同时存在于多家同类商家的私域中。"鱼"最终去到哪家的碗里,从营销层面主要看两点:

第一,触达,包括触达时机、触达形式、触达频次等;第二,信任,即用户对你的信任程度。

基于对"触达"和"信任"的思考,四川国际标榜职业学院校内创业项目采食屋采用了品牌化及 IP 化的经营策略,一方面让"触达"变得有温度;另一方面,让用户的信任逐渐积累到可视化的两个品牌符号,一个是 logo,一个是 IP。

首先,品牌化,指将"社群"当作"品牌"来运营,目的是获得识别度和可信度。采食屋的品牌 logo 如图 4.2.12 所示。

图 4.2.12 采食屋的品牌 logo

其次，IP化，指在"社群"中融入IP，有温度、人性化，目的是获得亲和力和识别度。图4.2.13所示为IP打造示例。

图 4.2.13　采食屋的创始人"刘老师"个人 IP 打造

因此，如果说品牌是您的脸，让人记住您，那 IP 则是您的双手，紧紧握住别人，与人产生情感和共鸣。用户信任需要积累，社群不是"割韭菜神器"，所以社群有必要采用品牌化、IP化的经营策略。

4.2.4.5　素质素养养成

（1）在社群建设过程里，需要每日在社群里输出与主题相符合的内容或营销活动，要求经营者坚持每日输出，培养大家爱岗敬业、持之以恒的职业品格和行为习惯。

（2）社群有用户触达成本低、影响用户更深的优势，用户比较依赖和信任社群里宣发的内容，这就要求运营者不能利用触达便利和用户的信任销售次品和有轻微质量问题的产品，对大家进行重质量、守诚信的价值观培养。

（3）有温度和转化率高的社群需要有故事和典型IP，这样的社群会更有用户黏性，这就要求经营者有品牌意识，在社群建设时明确主题，确定品牌调性，日常运营维护过程中渗透品牌故事和IP，获得更高的用户信任。

4.2.4.6　任务分组

学生任务分组表如表4.2.9所示。

表 4.2.9　学生任务分组表

班级		组号		指导教师	
组长		学号			
组员	姓名	学号		姓名	学号

续表

任务分工	

4.2.4.7 自主探究

任务工作单 1

组号：_____ 姓名：_____ 学号：_____ 检索号：___4247-1___

引导问题：

（1）查阅文献，简述社群的概念和优势。

_____

（2）简述社群建设的步骤和方法。

_____

项目视野：下面以小微创业项目采食屋的主题社群"会员福利群"为例，如图 4.2.14 所示。

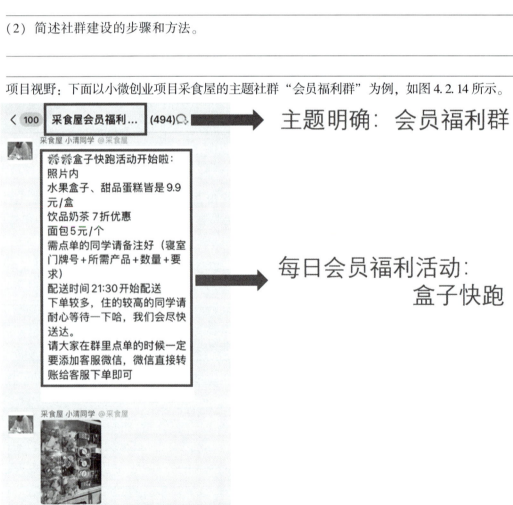

图 4.2.14　采食屋的主题社群"会员福利群"

任务工作单 2

组号：_____ 姓名：_____ 学号：_____ 检索号：__4247-2__

引导问题：

参考上述案例的主题社群，结合本小组小微企业创业项目的具体情况和方向，拟定两个主题明确的社群，并为每个社群撰写两个日常输出的内容。

_____
_____
_____
_____
_____
_____
_____

4.2.4.8 合作研学

任务工作单 1

组号：_____ 姓名：_____ 学号：_____ 检索号：__4248-1__

引导问题：

（1）小组交流讨论、教师参与，根据项目讨论社群主题和日常输出内容是否恰当，优化社群建设。

_____
_____
_____
_____

（2）记录自己存在的不足。

_____
_____
_____

4.2.4.9 展示赏学

任务工作单 1

组号：_____ 姓名：_____ 学号：_____ 检索号：__4249-1__

引导问题：

（1）每小组推荐一位小组长，汇报小组共同拟定的社群主题和日常输出内容，参考记录其他组的优秀内容，进一步优化社群建设。

_____
_____

（2）检讨自己的不足。

_____
_____

4.2.4.10 评价反馈

任务工作单1

组号：＿＿＿＿＿＿ 姓名：＿＿＿＿＿＿ 学号：＿＿＿＿＿＿ 检索号：　42410-1　

个人自评表

班级		组名		日期	年　月　日
评价指标	评价内容			分数	分数评定
信息收集能力	能有效利用网络、图书资源查找有用的相关信息等；能将查到的信息有效地传递到学习中			10分	
感知课堂生活	是否熟悉社群建设和社群日常维护，认同社群建设的营销价值；在学习中是否能获得满足感			10分	
参与态度，沟通能力	积极主动与教师、同学交流，相互尊重、理解、平等；与教师、同学之间是否能够保持多向、丰富、适宜的信息交流			10分	
	能处理好合作学习和独立思考的关系，做到有效学习；能提出有意义的问题或能发表个人见解			10分	
知识、能力获得	1. 能掌握社群的概念和优势			10分	
	2. 能掌握社群建设的步骤和方法			10分	
	3. 能建设主题明确的社群并坚持内容输出			20分	
思维态度	是否能发现问题、提出问题、分析问题、解决问题、创新问题			10分	
自评反馈	按时按质完成任务；较好地掌握了知识点；具有较强的信息分析能力和理解能力；具有较为全面严谨的思维能力并能条理清楚明晰表达成文			10分	
自评分数					
有益的经验和做法					
总结反馈建议					

任务工作单2

组号：＿＿＿＿＿＿ 姓名：＿＿＿＿＿＿ 学号：＿＿＿＿＿＿ 检索号：　42410-2　

小组内互评验收表

验收组长		组名		日期	年　月　日
组内验收成员					
任务要求	查阅文献，简述社群的概念和优势；简述社群建设的步骤和方法；参考案例的主题社群，结合本小组小微企业创业项目的具体情况和方向，拟定两个主题明确的社群，并为每个社群撰写两个日常输出的内容				

续表

验收文档清单	被验收者 4247-1 工作任务单		
	被验收者 4247-2 工作任务单		
	文献检索清单		
验收评分	评分标准	分数	得分
	能简述社群的概念和优势，错误一处扣 5 分	20 分	
	能说出社群建设的步骤和方法，错误一处扣 5 分	25 分	
	能结合项目的具体情况和方向，拟定两个主题明确的社群，群主题不明确的，一个扣 10 分；为每个社群撰写两个日常输出的内容，内容不恰当之处，一处扣 5 分	40 分	
	提供文献检索清单，少于 3 项，缺一项扣 5 分	15 分	
	评价分数		
不足之处			

任务工作单 3

被评组号：＿＿＿＿＿＿＿＿　**检索号：** 42410-3

小组间互评表

班级		评价小组		日期	年　月　日
评价指标	评价内容			分数	分数评定
汇报表述	表述准确			15 分	
	语言流畅			10 分	
	准确概括任务完成情况			15 分	
内容正确度	社群主题明确			30 分	
	社群日常输出内容恰当			30 分	
	互评分数				
简要评述					

任务工作单 4

组号：＿＿＿＿＿　**姓名：**＿＿＿＿＿　**学号：**＿＿＿＿＿　**检索号：** 42410-4

任务完成情况评价表

任务名称	社群建设			总得分		
评价依据	学生完成的 4247-1、4247-2 任务工作单，完成的 4248-1、4249-1 任务工作单					
序号	任务内容及要求		配分	评分标准	教师评价	
					结论	得分
1	能简述社群的概念和优势	（1）描述正确	10 分	缺一个要点扣 1 分		
		（2）语言表达流畅	10 分	酌情赋分		

续表

序号	任务内容及要求		配分	评分标准	教师评价	
					结论	得分
2	能概述社群建设的步骤和方法	（1）描述正确	10分	缺一个要点扣1分		
		（2）语言流畅	10分	酌情赋分		
3	能建设主题明确的社群并坚持内容输出	（1）思路正确	10分	缺一个要点扣2分		
		（2）结构合理	10分	酌情赋分		
4	至少包含3份文献的检索文献目录清单	（1）数量	15分	每少一个扣5分		
		（2）参考的主要内容要点	5分	酌情赋分		
5	素质素养评价	（1）沟通交流能力 （2）团队合作 （3）课堂纪律 （4）合作探学 （5）自主研学 （6）培养爱岗敬业、持之以恒的职业品格和行为习惯 （7）培养重质量、守诚信的价值观 （8）培养品牌意识	20分	酌情赋分，但违反课堂纪律，不听从组长、教师安排不得分		

任务五　复购策略设计

4.2.5.1 任务描述

结合本小组小微企业创业项目的需求，灵活运用复购常用的运营策略，设计两个复购策略。

4.2.5.2 学习目标

1. 知识目标
（1）掌握复购的含义和本质。
（2）掌握复购常用的运营策略。
2. 能力目标
能够根据项目需求设计复购策略。
3. 素质素养目标
（1）培养用发展眼光看长期价值的思维。
（2）培养注重客户体验的意识。
（3）培养活学活用、开拓创新的职业素养。

4.2.5.3 重难点

1. 重点
掌握复购常用的运营策略。
2. 难点
能够根据项目需求设计复购策略。

4.2.5.4 相关知识链接

1. 复购的含义
　　复购也叫重复购买率，指消费者对该品牌产品或者服务的重复购买次数，重复购买率越多，表明消费者对品牌的忠诚度就越高，反之则越低。线下理发店的会员卡办理就是让你复购，线上电商的短信推送也是让你复购。

2. 复购的本质
　　用户能够持续产生复购行为，一定是产品能够持续满足用户的需求。这里有两层含义：首先，用户的需求持续存在，如购物、阅读、学习、娱乐等需求，这些需求其实长期存在；其次，当用户有需求时，能第一个想到你的产品，或者说你的产品能第一时间出现在用户面前。
　　当用户想购物时，用户有多种选择，当用户出现需求时，如何让用户第一时间想到你，或如何第一时间触达用户是关键。

3. 复购常用的运营策略
　　获客成本越来越高，想要增加用户数量变得越来越难，而已有用户对于我们来说是相当重要的，这时提升已有用户的复购率就变得非常重要。

很多产品，用户很久没有复购，为了激活用户会再次推送优惠券或促销活动，可能又会产生第二次购买，这个用户召回，提升复购率，如瑞幸咖啡的短信召回就做得非常好。

复购率低有什么办法提升呢？如果用户有需要，在进行购买时，也只有两种情况：买我们的产品或买竞争者的产品。所以，在复购这个环节，基础方法论就是增加用户的替换成本。下面给大家分享几种提升用户复购率常用的运营策略。

1）价值预留

价值预留就是为用户第二次消费预留钩子。例如，有一些茶室会给顾客提供存茶的服务，有一些KTV会提供存酒的服务。价值预留是底层逻辑，意思就是让用户把价值提前放在你这里，你帮他管理。通俗点说就是，客户有东西放在你那里，为了避免损失的痛苦心理，自然就会再来购买。道理比较简单，但这里面和所在的行业、产品、用户等很多因素有关。理论上所有产品和行业都可以利用价值预留来做留存，但肯定是需要好好去研究，不是说拿来就用，是需要在这种逻辑上摸索出最适合自己的方法。

例如：餐馆推出 1 元购买 30 瓶啤酒策略，如图 4.2.15 所示。

图 4.2.15　1 元购买 30 瓶啤酒策略

这种策略基于第一次来商家的客户，当你推出 1 元购买 30 瓶酒的策略时，消费者首先形成的感知是便宜。30 瓶啤酒，原价 360 元，消费者心想自己能赚便宜。那从商家的角度来看，也是赚的。因为 30 瓶啤酒，消费者根本不可能一次性喝完，根据调研结果得出，三四人的消费者需要累积 3~4 次时间，才能够把啤酒消费完。你喝不完怎么办？下次有机会就再来喝，不能浪费，让商家得了便宜，因为消费者是花了钱购买的，消费者不来喝的损失心理非常痛苦。当他来消费啤酒时，下酒菜就是必点的。啤酒销量大的时候，商家还可以去找啤酒供应商砍价。

2）搭建合理的会员体系

会员相当于商户一笔稳定的轻资产，看得见抓得着，会员的回头率、复购率、到店率，相比普通顾客高出 1~2 倍，往往会员创造的收益会占到全店的 80%以上。

一般来说，设立会员制有两个原则：权益，给予会员的权益要有足够的吸引力；回报，会员要能够带来更多的销售额和利润。

常见的做法如会员等级体系、会员尊享活动、积分换购、会员成长体系等。这些都是快速复购的方式。一种模式是"会员卡"模式，这种方式在传统线下业务场景中很常见，是一种很好的现金流获取手段。现在有很多电商平台开始将其应用到线上，如京东的 PLUS 会员机制，支付一定的会员费就可以享受到固定周期内的购买优惠，而且这种优惠是立减的，对于用户的吸引力还是比较强的。而且办了这种线上会员后，基本上等同于做了一个消费绑定，只要京东有的东西，可能就不会选择去天猫购买了，除非价差很大。

3）用户成长

用户成长是指在产品体系里植入用户成长机制，刺激用户对高等级的拥有感，并因此难以离开。例如 keep 就提供了很好的用户成长体系，它会告诉用户，已经连续健身多少天了，健身已经达到什么样的级别了。这样的一个用户成长体系会绑住用户，让人很难离开它。

4）年卡、年度套票等

2017 年诺贝尔经济学奖得主、行为经济学家理查德·泰勒（Richard Thaler）提出了一个心理学概念，沉没成本误区，即人们的行为不仅受眼前的利益刺激，也受已投入的成本影响，这些成本不仅包括金钱，也包括时间、精力等其他因素。

举一个例子，泰勒的朋友开了一个滑雪场，濒临倒闭，求助于他。由于该滑雪场比起周边的知名滑雪场，规模一般，直接提高票价比较困难，但好在有距离优势，离当地居民最近的其他滑雪场需要5个小时的车程。于是问题就变成，如何激活当地人的购买率？泰勒就建议推出10次滑雪套票，包括5张周末票和5张非周末票（该套票无优惠）。但如果在每年的10月15日前淡季购买，就可以打6折。该套票推出后，非常受欢迎，一个原因是打6折听上去非常划算，另一个原因就是人们一旦买了套票，把钱花出去后，这笔钱就成了沉没成本，要激励自己多玩几次。几年后，该套票成了滑雪场的主要收入。但滑雪场经过3年的统计分析，发现该套票只有60%的使用率，也就是等于滑雪场是按全价出售门票的，并且还提前几个月收到了钱。

5）峰终定律

用户对体验的记忆由两个因素决定：高峰时与结束时的感觉。所以希望给用户留下好的印象，让他下次有更大的可能性再来体验产品，就要特别用心地去设计用户离开的那个环节。

"峰终定律"和"惊喜时刻"类似，但还是有些区别的。区别点在于，"峰终定律"最终的爽点，哪怕过程中的体验不是很好，即将离去的时候体验达到顶点（爽点），也会消除过程中的不爽点。宜家的例子大家都听过很多次，进入商场选货，可能中途没有找到想要的，整个过程体验很平淡，没有让自己很惊喜的东西，但最后你出门的时候，在门口你可以花1块钱买一个冰淇淋，心情可能顿时美丽了起来，下次如果要买家居类的东西，就会先到宜家逛一圈。

6）召回策略

这个方式可以通过短信召回、广告投放召回、社群召回、老带新召回等。为了让用户再次消费，使用短信召回，我想大多数人会收到一些店铺发来的消息，如瑞幸咖啡送你3.8折咖啡饮品券的短信召回你喝咖啡。广告投放召回都是广撒网，但是关注过你的用户，可能也会收到信息活动。社群召回完全是为了刺激老顾客再次消费一波的策略，因为都是买过的用户，所以再次购买的概率会大大提升。

复购延展知识：客户满意与忠诚之间的关系

以上复购策略不一定全部使用或独立使用，也有可能是多个策略交叉使用。在用户的不同阶段，也可以采取不同的复购策略。

4.2.5.5 素质素养养成

（1）在复购的含义和本质讲述中，强调了复购就是客户对该品牌产品或者服务的重复购买，需要利用一些营销策略让客户进行重复购买，有的复购策略运用从单次销售来看，有可能是亏本的，但是带来了客户更长的使用周期价值，这就要求大家有长期主义的思维，用发展的眼光看长期价值。

（2）复购策略的使用要注意考虑客户的接受程度，不是运营者认为好的复购策略客户就一定要接受，在复购策略设计时要从客户体验出发，设计出客户能够愉悦接受的复购方案，并在复购过程中享受经营者所提供的产品和服务。

（3）所有复购策略的学习参考和运用，首先要从客户的需求和体验出发，其次要根据项目的实际需求来设计，创新已有的惯用的复购策略，形成符合项目实际的复购策略，培养活学活用、开拓创新的职业素养。

4.2.5.6 任务分组

学生任务分组表如表4.2.10所示。

表4.2.10 学生任务分组表

班级		组号		指导教师	
组长		学号			
组员	姓名	学号	姓名	学号	
任务分工					

4.2.5.7 自主探究

任务工作单1

组号：_____ 姓名：_____ 学号：_____ 检索号：__4257-1__

引导问题：

（1）查阅文献，简述复购的含义和本质。

_____

_____

（2）阐述复购常用的运营策略。

_____

任务工作单2

组号：_____ 姓名：_____ 学号：_____ 检索号：__4257-2__

引导问题：

结合本小组小微企业创业项目的需求，灵活运用复购常用的运营策略，设计两个复购策略。

_____

_____

_____

4.2.5.8 合作研学

任务工作单 1

组号：_____ 姓名：_____ 学号：_____ 检索号：__4258-1__

引导问题：

（1）小组交流讨论，教师参与，优化复购策略设计方案。

_____
_____
_____
_____

（2）记录自己存在的不足。

_____
_____
_____

4.2.5.9 展示赏学

任务工作单 1

组号：_____ 姓名：_____ 学号：_____ 检索号：__4259-1__

引导问题：

（1）每小组推荐一位小组长，汇报复购策略设计方案，借鉴每组经验，进一步优化复购策略设计方案。

_____
_____
_____
_____

（2）检讨自己的不足。

_____
_____
_____

4.2.5.10 评价反馈

任务工作单 1

组号：_____ 姓名：_____ 学号：_____ 检索号：__42510-1__

个人自评表

班级		组名		日期	年　月　日
评价指标	评价内容			分数	分数评定
信息收集能力	能有效利用网络、图书资源查找有用的相关信息等；能将查到的信息有效地传递到学习中			10 分	
感知课堂生活	是否熟悉常用的复购策略，认同复购策略的长期价值；在学习中是否能获得满足感			10 分	

续表

评价指标	评价内容	分数	分数评定
参与态度，沟通能力	积极主动与教师、同学交流，相互尊重、理解、平等；与教师、同学之间是否能够保持多向、丰富、适宜的信息交流	10分	
	能处理好合作学习和独立思考的关系，做到有效学习；能提出有意义的问题或能发表个人见解	10分	
知识、能力获得	1. 能掌握复购的含义和本质	10分	
	2. 能掌握复购常用的运营策略	10分	
	3. 能根据项目需求设计复购策略	20分	
思维态度	是否能发现问题、提出问题、分析问题、解决问题、创新问题	10分	
自评反馈	按时按质完成任务；较好地掌握了知识点；具有较强的信息分析能力和理解能力；具有较为全面严谨的思维能力并能条理清楚明晰表达成文	10分	
自评分数			
有益的经验和做法			
总结反馈建议			

任务工作单2

组号：_____ 姓名：_____ 学号：_____ 检索号：__42510-2__

小组内互评验收表

验收组长		组名		日期	年 月 日
组内验收成员					
任务要求	查阅文献，简述复购的含义和本质；阐述复购常用的运营策略；结合本小组小微企业创业项目的需求，灵活运用复购常用的运营策略，设计两个复购策略				
验收文档清单	被验收者4257-1 工作任务单 被验收者4257-2 工作任务单				
	文献检索清单				
验收评分	评分标准			分数	得分
	能简述复购的含义和本质，错误一处扣5分			20分	
	能说出复购常用的运营策略，错误一处扣5分			25分	
	能结合创业项目的需求，灵活运用复购常用的运营策略，设计两个复购策略，少一个扣10分；复购策略不适用之处，一处扣5分			40分	
	提供文献检索清单，少于3项，缺一项扣5分			15分	
	评价分数				
不足之处					

任务工作单 3

被评组号: _____ **检索号:** 42510-3

小组间互评表

班级		评价小组		日期	年　月　日
评价指标	评价内容			分数	分数评定
汇报表述	表述准确			15 分	
	语言流畅			10 分	
	准确概括任务完成情况			15 分	
内容正确度	复购策略合理可行			30 分	
	复购策略客户体验感好			30 分	
	互评分数				
简要评述					

任务工作单 4

组号: _____ **姓名:** _____ **学号:** _____ **检索号:** 42510-4

任务完成情况评价表

任务名称	复购策略设计			总得分	
评价依据	学生完成的 4257-1、4257-2 任务工作单,完成的 4258-1、4259-1 任务工作单				
序号	任务内容及要求		配分	评分标准	教师评价
					结论　得分
1	能简述复购的含义和本质	(1) 描述正确	10 分	缺一个要点扣 1 分	
		(2) 语言表达流畅	10 分	酌情赋分	
2	能概述复购常用的运营策略	(1) 描述正确	10 分	缺一个要点扣 1 分	
		(2) 语言流畅	10 分	酌情赋分	
3	能够根据项目需求设计复购策略	(1) 思路正确	10 分	缺一个要点扣 2 分	
		(2) 结构合理	10 分	酌情赋分	
4	至少包含 3 份文献的检索文献目录清单	(1) 数量	15 分	每少一个扣 5 分	
		(2) 参考的主要内容要点	5 分	酌情赋分	

续表

序号	任务内容及要求		配分	评分标准	教师评价	
					结论	得分
5	素质素养评价	（1）沟通交流能力	20分	酌情赋分，但违反课堂纪律，不听从组长、教师安排不得分		
		（2）团队合作				
		（3）课堂纪律				
		（4）合作探学				
		（5）自主研学				
		（6）培养用发展的眼光看长期价值的思维				
		（7）培养注重客户体验的意识				
		（8）培养活学活用、开拓创新的职业素养				

任务六　客情维护

4.2.6.1 任务描述

参照校内创业案例采食屋项目会员体系结构，进行小组小微创业项目的会员体系结构设计，如图4.2.16所示。

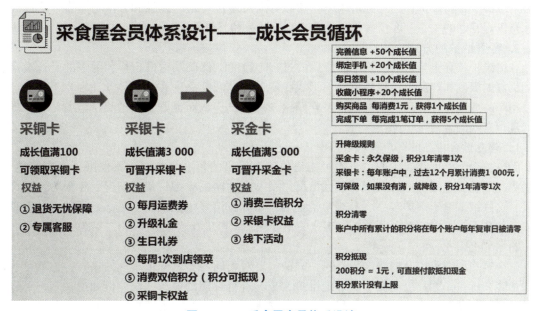

图 4.2.16　采食屋会员体系设计

4.2.6.2 学习目标

1. 知识目标
（1）掌握客情维护的概念。
（2）掌握客情维护的方法。

2. 能力目标
能根据项目客户群定位完成会员体系结构设计。

3. 素质素养目标
（1）培养结构化思维。
（2）培养以客户为中心的服务意识。
（3）培养坚持长期主义的价值观。

4.2.6.3 重难点

1. 重点
掌握客情维护的方法。

2. 难点

能根据项目客户群定位完成会员体系结构设计。

4.2.6.4 相关知识链接

1. 客情维护的概念

你或许会经常听到"开发十个新客户，不如维护好一个老客户"这样一句话。虽然说这句话有点夸大，但在某种程度上说明开发新客户的成本远远大于维护老顾客的成本，所以我们要重视老客户的客情维护，从而减少客户的流失率。但客情维护不仅在售后，其实售前和售中也有客情维护。客情维护，也是客情维系，指经营人员通过一定的途径和方法与其客户之间建立并保持良好互动的关系。客情维护包括双方利益关系和感情关系的维护。

2. 客情维护的方法

客情维护贯穿整个售前、售中、售后的过程，目的不仅仅是达成合作，更多的是让客户感觉到良好的服务和产品附加价值，从而形成稳定的、忠诚度高的客户群体，让客户不仅自己经常复购产品或服务，而且形成口碑自发介绍给亲朋好友，从而提升企业的经济效益增长。那么如何进行有效的客情维护呢？

1）建立适合自己的客户资料数据库

无论一个人的大脑多聪明，也不可能记住每个客户的每一个细节，不仅限于客户的姓名、年龄等，而且要包括客户的爱好、家庭情况以及购买的产品类型、使用情况、年限等，越详细越好，这些细节对于维护客户会有非常重要的作用。所谓好记性不如烂笔头。同时，在信息技术发达的今天，可以借助一些简单的客户关系管理系统等工具建立健全客户档案。

2）做好客户分类

每个客户的需求以及消费能力是不一样的，要对不同的客户标记不同的属性，也就是我们所说的客户标签。客户分类便于更好地维护客户，进行合理的资源匹配。例如潜在客户可以适当并且有规律地隔一段时间信息问候；意向客户上门拜访，并带上适合的小礼品，关键时机宴请，已成交客户做好售后和定时发送节假日祝福等。用有限的时间创造无限的价值，达到维护客户关系的最佳效果。

3）帮客户赢取利益

拜访客户时如果上来就聊自己的产品，这种销售主张太清晰的做法，会让客户认为你太势力相。如果可以跟客户聊他们行业市场分析报告、成功案例、竞品分析、有趣的故事，甚至是商业模式，比较容易赢得客户的认同，让客户产生信赖感，产生意想不到的效果。

4）树立正确的售后服务观念，做好售后维护

服务观念是长期培养的一种个人魅力，每个经营者都应该建立一种"真诚为客户服务"的观念，问心无愧地做好售后服务，而不是作秀，更不能因为认为它不重要而忽略。恰到好处的客户售后维护，除了会让客户感受到"增值"外，还能促进你们之间的关系，让客户感觉你是朋友而不是业务员，才能有更高的认同感及忠诚度。维护已成交客户时，业务员或者客服应随时了解客户使用产品的情况，询问有无新的需求，以便发现新商机来促成转介绍或者二次成交。

5）不要停止联系

在不会骚扰到客户的前提下，尽量多联系已成交客户，维护一个老客户所获得的价值远远高于去开发一个新客户。在节假日通过短信或电话及时问候客户；在客户生日时送上祝福；在产品有变动或者有新的市场活动时，及时通知客户等。只有定期长久的问候和祝福才能让客户感觉到是真正关心他，你也会因此赢得客户和朋友的口碑，你的客户也会在他的同行或朋友中推荐你，那么你的销售就有了一定的规模效应，并迅速在业界扩张起来。营销的最高境界，是

让客户主动来找你。

客情维护，其实也就是经营人员利用一切可能的机会对合作客户进行情感关怀，其"运用之妙，存乎一心"，并无固定格式。

3. 客情维护的工具——会员体系搭建

会员体系主要用于区分核心消费者或者通过等级的区分来引导用户行为，它的本质是通过一系列运营规则和专属权益来提升用户对产品或服务的忠诚度，反哺店铺的其他业务，将用户一步步培养为产品的忠实粉丝。

以开篇展示的小微创业项目采食屋为例，其采用的是用户成长会员体系。成长会员体系是将用户划分为不同的等级，累计达到一定标准后就能升级，简单来讲就是为了让用户持续使用产品而设计的一套游戏规则。

成长会员体系设计一般有以下几个步骤：

（1）用户等级划分，成长值（积分）设定。达到相应的成长值对应不同的会员等级，享受不同的会员权益。采食屋有3个等级，分别为"采铜卡"对应成长值设定为100，"采银卡"对应成长值设定为3 000，"采金卡"对应成长值设定为5 000。

（2）权益设置。不同等级用户对应不同权益，引导用户积极积攒成长值（积分）。

（3）成长值（积分）获取的行为设置。用户等级根据成长值（积分）高低来划分，那么倒推回来，成长值（积分）要怎么获取？先来设定目标，以目标为导向。以餐饮零售采食屋为例，可以分为三大核心目标：保持日活、提高复购率、提高客单价。那么就衍生出相应的用户行为：日活，通过每日签到送积分，签到又可细分为连续、累计等；提高复购率，给购买奖励，购买商品积攒成长值（积分）；提高客单价，给高净值产品设置高成长值，比如推新品时，购买新品获赠双倍成长值（积分）等。

（4）成长值（积分）消耗设置。

用户在获取一定的成长值（积分）之后，可按各自的等级，用成长值（积分）去换取相应的东西，即所谓的成长值（积分）消耗。

4.2.6.5 任务分组

学生任务分组表如表4.2.11所示。

表 4.2.11　学生任务分组表

班级		组号		指导教师	
组长		学号			
组员	姓名	学号		姓名	学号
任务分工					

4.2.6.6 自主探究

任务工作单1

组号：_____ 姓名：_____ 学号：_____ 检索号：4266-1

引导问题：

(1) 查阅文献，简述客情维护的概念。

_____

_____

(2) 谈谈客情维护的方法。

_____

_____

项目视野：

下面以小微创业项目采食屋的会员体系结构为例，如图4.2.17所示。

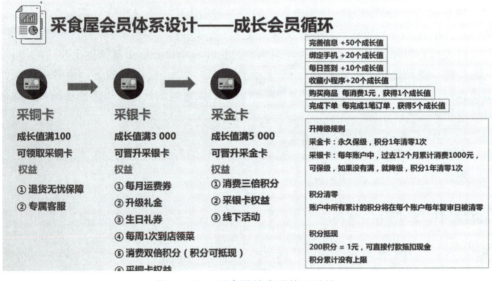

图4.2.17 采食屋的会员体系结构

任务工作单2

组号：_____ 姓名：_____ 学号：_____ 检索号：4266-2

引导问题：

结合本小组小微企业创业项目的情况，参照校内创业案例采食屋会员体系结构，根据项目客户群定位完成会员体系结构设计。

_____

_____

_____

_____

_____

4.2.6.7 合作研学

任务工作单1

组号：_____ 姓名：_____ 学号：_____ 检索号：　4267-1

引导问题：

（1）小组交流讨论，教师参与，根据项目客户群定位完成会员体系结构设计。

_____
_____
_____
_____

（2）记录自己存在的不足。

_____
_____
_____

4.2.6.8 展示赏学

任务工作单1

组号：_____ 姓名：_____ 学号：_____ 检索号：　4268-1

引导问题：

（1）每小组推荐一位小组长，汇报小组项目小微创业项目的会员体系结构设计，借鉴每组经验，进一步优化会员体系结构设计。

_____
_____
_____
_____

（2）检讨自己的不足。

_____
_____
_____

4.2.6.9 评价反馈

任务工作单1

组号：_____ 姓名：_____ 学号：_____ 检索号：　4269-1

个人自评表

班级		组名		日期	年　月　日
评价指标	评价内容			分数	分数评定
信息收集能力	能有效利用网络、图书资源查找有用的相关信息等；能将查到的信息有效地传递到学习中			10分	
感知课堂生活	是否能够进行客户群定位和分类，认同会员体系的价值；在学习中是否能获得满足感			10分	

续表

评价指标	评价内容	分数	分数评定
参与态度	积极主动与教师、同学交流，相互尊重、理解、平等；与教师、同学之间是否能够保持多向、丰富、适宜的信息交流	10分	
	能处理好合作学习和独立思考的关系，做到有效学习；能提出有意义的问题或能发表个人见解	10分	
知识获得	1. 能掌握客情维护的概念	10分	
	2. 能掌握客情维护的方法	10分	
	3. 能根据项目客户群定位完成会员体系结构设计	20分	
思维态度	是否能发现问题、提出问题、分析问题、解决问题、创新问题	10分	
自评反馈	按时按质完成任务；较好地掌握了知识点；具有较强的信息分析能力和理解能力；具有较为全面严谨的思维能力并能条理清楚明晰表达成文	10分	
自评分数			
有益的经验和做法			
总结反馈建议			

任务工作单2

组号：_____ 姓名：_____ 学号：_____ 检索号：__4269-2__

小组内互评验收表

验收组长		组名		日期	年 月 日
组内验收成员					
任务要求	查阅文献，简述客情维护的概念；谈谈客情维护的方法；结合本小组小微企业创业项目的情况，参照校内创业案例采食屋会员体系结构，根据项目客户群定位完成会员体系结构设计				
验收文档清单	被验收者4266-1工作任务单 被验收者4266-2工作任务单				
	文献检索清单				
验收评分	评分标准			分数	得分
	能简述客情维护的概念，错误一处扣5分			20分	
	能说出客情维护的方法，错误一处扣5分			30分	
	能根据项目客户群定位完成会员体系结构设计，有不合理之处，每一处扣5分			35分	
	提供文献检索清单，少于3项，缺一项扣5分			15分	
评价分数					
不足之处					

任务工作单 3

被评组号：＿＿＿＿＿＿＿＿＿ **检索号：** 4269-3

小组间互评表

班级		评价小组		日期	年　月　日
评价指标	评价内容			分数	分数评定
汇报表述	表述准确			15 分	
	语言流畅			10 分	
	准确概括任务完成情况			15 分	
内容正确度	客户会员分类有理有据			30 分	
	会员体系设计合情合理			30 分	
	互评分数				
简要评述					

任务工作单 4

组号：＿＿＿＿＿＿ **姓名：**＿＿＿＿＿＿ **学号：**＿＿＿＿＿＿ **检索号：** 4269-4

任务完成情况评价表

任务名称	客情维护			总得分	
评价依据	学生完成的 4266-1、4266-2 任务工作单，完成的 4267-1、4268-1 任务工作单				
序号	任务内容及要求		配分	评分标准	教师评价
					结论　得分
1	能简述客情维护的概念	（1）描述正确	10 分	缺一个要点扣 1 分	
		（2）语言表达流畅	10 分	酌情赋分	
2	能说出客情维护的方法	（1）描述正确	10 分	缺一个要点扣 1 分	
		（2）语言流畅	10 分	酌情赋分	
3	能根据项目客户群定位完成会员体系结构设计	（1）思路正确	10 分	缺一个要点扣 2 分	
		（2）结构合理	10 分	酌情赋分	
4	至少包含 3 份文献的检索文献目录清单	（1）数量	15 分	每少一个扣 5 分	
		（2）参考的主要内容要点	5 分	酌情赋分	

续表

序号	任务内容及要求		配分	评分标准	教师评价	
					结论	得分
5	素质素养评价	（1）沟通交流能力	20分	酌情赋分，但违反课堂纪律，不听从组长、教师安排不得分		
		（2）团队合作				
		（3）课堂纪律				
		（4）合作探学				
		（5）自主研学				
		（6）培养结构化思维				
		（7）培养以客户为中心的服务意识				
		（8）培养坚持长期主义的价值观				

 项目三

员工培育

任务一　员工培训

4.3.1.1 任务描述

结合本小组小微企业创业项目情况及需求，进行项目门店各岗位知识、技能的培训需求分析，完成岗位培训需求分析表（见表4.3.1）及年度培训计划表（见表4.3.2）。

表 4.3.1 ＿＿＿＿＿＿企业岗位培训需求分析表

岗位名称	知识类培训	技能类培训	通用类技能培训

表 4.3.2 ＿＿＿＿企业＿＿＿＿岗位年度培训计划表

序号	培训主题	培训内容	培训目的	培训日期	培训方式	培训人	受训人员	备注

4.3.1.2 学习目标

1. 知识目标
（1）了解员工培训的基本概念和意义。
（2）熟悉员工培训规划的基本步骤。

2. 能力目标
（1）合理设计员工培训需求。
（2）进行员工培训的计划和安排。

3. 素质目标
（1）培养学生担当精神与责任意识。
（2）培养学生终身学习的积极上进意识。
（3）培养学生正确的择业观。
（4）培养学生的规划意识。

4.3.1.3 重难点

1. 重点
（1）员工培训需求分析。
（2）员工培训计划的制订。

2. 难点
（1）员工培训方法的设计。
（2）员工培训正确步骤的实施。

4.3.1.4 相关知识链接

1. 员工培训的定义

员工培训是指一定组织为开展业务及培育人才的需要，采用各种方式对员工进行有目的、有计划的培养和训练的管理活动，其目标是使员工不断更新知识，开拓技能，改进员工的动机、态度和行为，使企业适应新的要求，更好地胜任现职工作或担负更高级别的职务，从而促进组织效率的提高和组织目标的实现。

2. 员工培训的目的

现代企业的竞争，实际上是人才的竞争，而人才的竞争很大程度上有赖于企业人力资源的开发。

新员工：通过员工培训让新员工更快速融入团体，熟悉工作流程，适应企业环境并开始初步规划自己的职业生涯。

员工培训的意义

一般员工：提高员工知识和技能，开发员工潜能，激发创新欲望，增强市场竞争力，提升企业劳动绩效。

管理层员工：提高经营管理者能力水平和管理技能，为企业提供新的工作思路、知识、信息、技能，增长员工才干和敬业、创新精神。

3. 员工培训的分类
1）按培训内容划分
按内容划分，培训可以分为知识培训、技能培训以及态度和观念培训。

首先，知识培训。知识培训的主要任务是对员工所拥有的知识进行更新。其主要目标是解决"知"的问题（华茂通咨询，2003）。现代社会是一个知识爆炸的社会，各种知识都随着时间的推移同步更新。人是知识的载体，企业要在不断改变的社会中生存，员工就必须不断更新已有的知识。员工知识老化的速度超过更新的速度时，企业就会落伍于时代，甚至会出现经营困难的现象；只有员工知识更新的速度超过老化的速度时，企业才能保持在行业领先的地位。因此，"终身学习"被现代社会所认同和提倡。

其次，技能培训。随着时代的进步，各行各业都会有新的技术和能力要求。另外，随着现代产业结构的不断调整，大量的旧行业和岗位消失，新行业兴起，员工需要学习新的技能才能从事新行业的岗位。

最后，态度和观念培训。员工通过培训习得对人、对事、对己的反应倾向。它会影响员工对特定对象做出一定的行为选择。如要热情、周到地对待客户咨询与投诉，并在 24 小时内回复来电或来函，售后服务部门员工必须接受相关的业务培训。

2）按培训形式划分

按形式划分，培训可以分为入职培训、在职培训、脱岗培训和轮岗培训。

第一，入职培训。即新员工入职培训，帮助新员工熟悉企业的工作环境、文化氛围和同事，让新员工能够迅速投入新工作，缩短新员工与老员工的工作磨合期。

第二，在职培训。即员工不需要脱离工作岗位的情况下参加培训。在职培训通常利用员工的工余时间进行，是在完成本职工作的基础上开展的培训活动。这类培训的内容重在补充员工当前岗位、工作或项目所需要的知识、技能和态度。

第三，脱岗培训。脱岗培训是指员工暂时脱离岗位接受培训。在培训期间，将本职工作放在一边，以培训为重心。脱岗培训更注重提高员工的整体素质和未来发展需求，而不是根据当前岗位工作或项目的情况来确定培训内容。

第四，轮岗培训。即员工被安排到企业的其他部门或者分公司一边工作一边进行培训，与在职培训有相同之处。两者都是工作与培训同步进行。两者的区别在于在职培训包括轮岗培训，而轮岗培训的最大特点是调离原本的岗位，迁往其他岗位进行工作学习，存在岗位空间和环境上的变化。

4. 员工培训计划制订的步骤

步骤一：找准需求。

培训计划的制订是从需求开始的，培训需求包括两个层面：

（1）年度工作计划对员工的要求。

（2）员工为完成工作目标需要做出的提升。

人力资源部需通过这两个层面的分析，才能得出较为完整的公司培训需求。

实际培训需求是和员工的绩效紧密结合在一起的，因此在设计员工培训结构化表格时，要结合员工的绩效来做。设计三个维度：知识、技能、态度。在过去一个绩效周期内，员工在知识、技能、态度方面和公司的要求存在哪些差异，把这些差异点找出来，作为员工改进计划，列入培训需求计划。

步骤二：落实课程。

要根据确定的培训需求，选择合适的课程，列出培训目标、课程大纲、培训课时以及实施时间。

在设计培训课程时，要注意课程的先后逻辑关系，做到循序渐进。培训方式的选择需要根据参训人员的不同，选择出最适合的方式。

步骤三：制定预算。

根据确定的培训课程，结合市场行情，制定培训预算。在制定培训预算时要考虑多种因素，如公司业绩发展情况，上年度培训总费用、人均培训费用等，在上年度基础上根据培训工作的进展情况考虑有比例地加大或缩减培训预算。

一般培训费用包括讲师费、教材费、差旅费、场地费、器材费、茶水餐饮费等，一项培训课程应全面考虑这些费用，做出大致预算。在预算得出后，可在总数基础上上浮10%~20%，留些弹性的空间。

步骤四：编写培训计划并提交审批。

在以上工作的基础上，编写培训计划，之后交给高层管理进行审批，批准后的年度培训计划作为年度计划的一部分，就可以列入明年的工作计划开始实施。

步骤五：培训计划的管理。

面对种种风险，企业的防范措施要做到以下几个方面：

首先，依法建立劳动培训关系、建立有效的激励机制，提高培训质量。运用法律手段保护公司专利技术等，尽可能降低培训的风险。

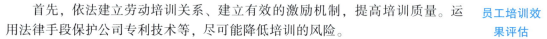

员工培训效果评估

其次，要组建项目管理小组，确定项目小组成员，每人各司其职，明确规定他们在项目小组中的工作内容和责任，并及时向项目小组成员通报，同时报分管领导。

最后，要制订项目小组的计划，由项目小组成员全程参与，直到计划完成并批准。项目小组的组长要控制培训项目的实际进程，使之能在预算指标内按期完成任务。

4.3.1.5 素质素养养成

（1）在员工培训设计中，要考虑企业各岗位员工的职业生涯发展路径，对员工的长期持续性培训项目要全面深入思考。

（2）在员工培训体系构架设计中，要把职业道德原则和规范贯彻落实到职业活动中，养成良好的职业行为习惯，做到言行一致、知行统一。

（3）在培训效果评估方式设计中，要养成遵循客观性原则，减少主观判断，并通过评估改进措施，形成终身学习的意识。

4.3.1.6 任务分组

学生任务分组表如表4.3.3所示。

表4.3.3　学生任务分组表

班级			组号		指导教师	
组长			学号			
组员		姓名	学号	姓名		学号
任务分工						

4.3.1.7 自主探究

任务工作单 1

组号：_____ 姓名：_____ 学号：_____ 检索号：　4317-1

引导问题：

（1）查阅文献，简述员工培训的概念及意义。

_____

_____

（2）简述制订培训计划的基本步骤。

_____

_____

项目视野：

下面以小微创业项目采食屋的员工培训需求分析表（见表4.3.4）和年度培训计划表（见表4.3.5）为例。

表 4.3.4　采食屋 2022 年度员工培训需求分析表

岗位名称	知识类培训	技能类培训	通用类技能培训
店长	店长的自我管理 店面形象管理	门店财务管理 门店的经营管理 员工的管理、沟通和培训	门店礼仪 时间管理 情绪与压力管理 团队沟通
采购人员	供应商选择与评估 采购合同管理 采购成本管理	采购谈判技巧 供应链管理 采购风险控制	
货品陈列员	商品陈列基础知识 店铺精细化管理	商品陈列技巧	
果品研发与制作员	营养学基础 新产品推介	饰品制作 饰品创新	
导购员	新产品介绍 消费者心理学	销售管理与技巧	
收银员	收银员素质和职业道德	工作操作流程	
营销推广员	新产品培训	顾客服务与管理	

表 4.3.5　采食屋店长 2022 年度员工培训计划表

序号	培训主题	培训内容	培训目的	培训日期	培训方式	培训人	受训人员	备注
1	自我管理	店长"六大"角色	明确店长角色定位	2022.1.5	互动讲授	王老师	店长	
2	店铺形象管理	门店规划及定位	实现门店形象定位	2022.1.10	互动讲授	李老师	店长	
3	财务管理	门店财务管理的基本内容	明确门店财务规范化管理	2022.2	讲授	王老师	店长	

续表

序号	培训主题	培训内容	培训目的	培训日期	培训方式	培训人	受训人员	备注
4	门店经营管理	门店业绩关键因素	认识运营管理的本质	2022.3	案例分享	张老师	店长	
5	员工管理	门店员工管理技巧	提升员工管理的效率	2022.5	案例分享	王老师	店长	
6	门店礼仪	门店服务礼仪	提升服务细节	2022.1	互动讲授	高老师	店长及全体店员	
7	时间管理	时间管理	良好规划自己的时间	2022.6	互动体验	徐老师	店长及全体店员	
8	情绪与压力管理	情绪与压力	释放压力舒缓情绪	2022.8	互动体验	张老师	店长及全体店员	

任务工作单2

组号：_____ 姓名：_____ 学号：_____ 检索号：__4317-2__

引导问题：

（1）参考案例的培训需求分析，完成小组小微创业项目的培训需求分析设计，如表4.3.6所示。

表4.3.6　培训需求分析设计

岗位名称	知识类培训	技能类培训	通用类技能培训

（2）参考案例的岗位年度培训计划表，完成小组小微项目岗位年度培训计划，如表4.3.7所示。

表4.3.7　_____岗位_____年度培训计划表

序号	培训主题	培训内容	培训目的	培训日期	培训方式	培训人	受训人员	备注

4.3.1.8 合作研学

任务工作单 1

组号：_____ 姓名：_____ 学号：_____ 检索号：__4318-1__

引导问题：

（1）小组交流讨论，教师参与，形成正确的员工培训需求分析设计表（见表4.3.8）和岗位年度培训计划表（见表4.3.9）。

表 4.3.8 培训需求分析设计

岗位名称	知识类培训	技能类培训	通用类技能培训

表 4.3.9 _____岗位_____年度培训计划表

序号	培训主题	培训内容	培训目的	培训日期	培训方式	培训人	受训人员	备注

（2）记录自己存在的不足。

_____

_____

4.3.1.9 展示赏学

任务工作单 1

组号：_____ 姓名：_____ 学号：_____ 检索号：__4319-1__

引导问题：

（1）每小组推荐一名组长，汇报本小组完成情况，根据相互借鉴，进一步优化培训需求分析表（见表 4.3.10）和年度培训计划表（见表 4.3.11）。

表 4.3.10　培训需求分析表

岗位名称	知识类培训	技能类培训	通用类技能培训

表 4.3.11　_____岗位_____年度培训计划表

序号	培训主题	培训内容	培训目的	培训日期	培训方式	培训人	受训人员	备注

（2）检讨自己的不足。

_____

_____

4.3.1.10　评价反馈

任务工作单 1

组号：_____　姓名：_____　学号：_____　检索号：<u>43110-1</u>

个人自评表

班级		组名		日期	年　月　日
评价指标	评价内容			分数	分数评定
信息收集能力	能有效利用网络、图书资源查找有用的相关信息等；能将查到的信息有效地传递到学习中			10 分	
感知课堂生活	是否熟悉员工培训的计划与安排，认同分工协作的价值；在学习中是否能获得满足感			10 分	

续表

评价指标	评价内容	分数	分数评定
参与态度，沟通能力	积极主动与教师、同学交流，相互尊重、理解、平等；与教师、同学之间是否能够保持多向、丰富、适宜的信息交流	10分	
	能处理好合作学习和独立思考的关系，做到有效学习；能提出有意义的问题或能发表个人见解	10分	
知识、能力获得	1. 能简述员工培训的概念及意义	10分	
	2. 能说出员工培训规划的基本步骤	10分	
	3. 能合理设计员工培训需求	10分	
	4. 能进行员工培训的计划及安排	10分	
思维态度	是否能发现问题、提出问题、分析问题、解决问题、创新问题	10分	
自评反馈	按时按质完成任务；较好地掌握了知识点；具有较强的信息分析能力和理解能力；具有较为全面严谨的思维能力并能条理清楚明晰表达成文	10分	
自评分数			
有益的经验和做法			
总结反馈建议			

任务工作单2

组号：_____ 姓名：_____ 学号：_____ 检索号：__43110-2__

小组内互评验收表

验收组长		组名		日期	年 月 日
组内验收成员					
任务要求	简述员工培训的基本概念和意义；说出员工培训计划的基本步骤；合理设计员工培训需求；进行员工培训的计划及安排				
验收文档清单	被验收者 4317-1 工作任务单 被验收者 4317-2 工作任务单				
	文献检索清单				
	评分标准		分数		得分
验收评分	能简述员工培训的基本概念和意义，错误一处扣5分		20分		
	能说出员工培训规划的基本步骤，错误一处扣5分		20分		
	能合理设计员工培训需求，不足一处扣5分		25分		
	能进行员工培训的计划及安排，不足一处扣2分		20分		
	提供文献检索清单，少于3项，缺一项扣5分		15分		
评价分数					
不足之处					

任务工作单 3

被评组号：_____ 检索号：__43110-3__

小组间互评表

班级		评价小组		日期		年　月　日
评价指标	评价内容			分数	分数评定	
汇报表述	表述准确			15 分		
	语言流畅			10 分		
	准确概括任务完成情况			15 分		
内容正确度	培训需求设计内容合理			30 分		
	培训计划与安排具体可行			30 分		
	互评分数					
简要评述						

任务工作单 4

组号：_____　姓名：_____　学号：_____　检索号：__43110-4__

任务完成情况评价表

任务名称		员工培训			总得分	
评价依据	学生完成的 4317-1、4317-2 任务工作单，完成的 4318-1、4319-1 任务工作单					
序号	任务内容及要求		配分	评分标准	教师评价	
					结论	得分
1	能简述员工培训的基本概念和意义	（1）描述正确	10 分	缺一个要点扣 1 分		
		（2）语言表达流畅	10 分	酌情赋分		
2	能说出员工培训计划的基本步骤	（1）描述正确	10 分	缺一个要点扣 1 分		
		（2）语言流畅	10 分	酌情赋分		
3	合理设计员工培训需求	（1）内容正确	10 分	缺一个要点扣 2 分		
		（2）计划合理	10 分	酌情赋分		
4	能进行员工培训的计划及安排	（1）描述正确	10 分	缺一个要点扣 2 分		
		（2）安排具体	10 分	酌情赋分		
5	至少包含 3 份文献的检索文献目录清单	（1）数量	5 分	每少一个扣 2 分		
		（2）参考的主要内容要点	5 分	酌情赋分		

续表

序号	任务内容及要求		配分	评分标准	教师评价	
					结论	得分
6	素质素养评价	（1）沟通交流能力	10分	酌情赋分，但违反课堂纪律，不听从组长、教师安排不得分		
		（2）团队合作				
		（3）课堂纪律				
		（4）合作探学				
		（5）自主研学				
		（6）培养学生担当精神与责任意识				
		（7）培养学生终身学习的积极上进意识				
		（8）培养学生正确的择业观				
		（9）培养学生正确的择业观				

任务二　员工行为规范

4.3.2.1 任务描述

结合本小组小微企业创业项目情况，从以下几个方面入手，设计项目门店员工行为规范的制度文件，如图4.3.1所示。

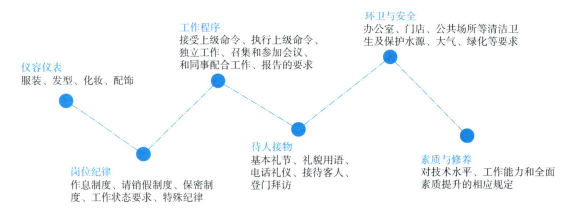

图 4.3.1　设计项目门店员工行为规范的制度文件

4.3.2.2 学习目标

1. 知识目标

（1）掌握员工行为规范的含义及主要内容。

（2）掌握员工行为规范的设计原则。

2. 能力目标

（1）能设计不同方面的员工行为规范内容。

（2）能制定明确的员工行为规范标准。

3. 素质素养目标

（1）培养着眼实际、关注细节的意识。

（2）培养规范、标准意识。

（3）培养职业素养。

（4）培养语言表达和沟通能力。

4.3.2.3 重难点

1. 重点

员工行为规范的设计。

2. 难点

（1）合理设计员工行为规范的内容。

（2）对员工行为规范的标准进行准确描述。

4.3.2.4 相关知识链接

1. 员工行为规范的含义

员工行为规范是指企业员工应该具有的共同的行为特点和工作准则，它带有明显的导向性和约束性，通过倡导和推行，在员工中形成自觉意识，起到规范员工的言行举止和工作习惯的效果。

2. 员工行为规范的主要内容

根据企业运行的基本规律并参考很多企业的实际，无论是什么类型的企业，从仪容仪表、岗位纪律、工作程序、待人接物、环卫与安全、素质与修养等几个方面来对员工提出要求，大概都是必不可少的。

员工行为规范的设计原则

1）仪容仪表

这是指对员工个人和群体外在形象方面的要求，它可再具体分为服装、发型、化妆、配饰等几个方面。

从实际来看，新员工在企业的成长变化是一个从"形似"（符合外在要求）到"神似"（具备内在品质）的过程。而要把一名员工培养成为企业群体的一员，最基础、最易达到的要求就是仪容仪表方面的规范。因此，从企业形象的角度看，仪容仪表的规定往往被企业作为员工行为规范内容的第一部分。

2）岗位纪律

这里所讲的岗位纪律一般是员工个体在工作中必须遵守的一些共性要求，其目的是保证每个工作岗位的正常运转。岗位纪律一般包括以下内容：

（1）作息制度，即上、下班的时间规定和要求。一般要求员工不得迟到、早退和中途溜号，这是企业最基本的纪律。有的企业作风涣散，往往就是没有严格的作息制度，或不能严格执行作息制度造成的。

（2）请销假制度。这是根据国家规定，对病假、事假、旷工等进行区分，并就请假、销假做出规定，以及对法定节假日的说明。如果缺乏这些要求，可能导致个别员工钻空子而影响整个企业制度的严肃性。

（3）保密制度。每个企业都有属于自己的技术、工艺、商业、人事、财务等方面的企业秘密，保守这些企业秘密是企业的一项重要纪律，绝大多数企业都对此有严格的规定。此外，在一些高新技术企业，还对知识产权保护做出了具体规定。

（4）工作状态要求。这是对员工在岗位工作中的规定，除肯定的提法"工作认真""以良好精神状态投入工作"等之外，一般用"不准""严禁"的否定形式来进行具体要求，如"不准聊天""不准看与工作无关的书报杂志""不准用计算机玩游戏""不准打私人电话"。

（5）特殊纪律。这是根据企业特殊情况制定的有关纪律。例如，某家企业率先在员工行为规范里写入"工作日中午严禁喝酒"的规定。纪律是胜利的保证，严格合理的工作纪律是企业在严酷的市场竞争中不断取胜、发展壮大的根本保证。

3）工作程序

这是对员工与他人协调工作的程序性的行为规定，包括与上级、同事和下属的协同和配合的具体要求。工作程序是把一个个独立的工作岗位进行关系整合，使企业成为和谐团结的统一体，保证企业内部高效有序地运转。工作程序一般又分为以下几个部分。

（1）接受上级命令。做一名合格的员工，首先应从正确接受上级指令开始，如果不能正确领会上级意图，就无法很好地加以执行。

（2）执行上级命令。主要是要求员工迅速、准确、高效地加以执行上级命令，发现问题或出现困难时积极应对，执行结束后以口头或书面向上级复命，这些要求都不是可有可无的。

（3）独立工作。对员工独立承担的工作（包括岗位日常工作程序、出差等），一般要作出"按企业有关制度"进行或其他程序性的规定，以保证每一名员工的工作都能够成为企业总体工作的有机组成部分，为总体的成绩作出贡献。

（4）召集和参加会议。企业内部的会议是沟通信息、协调利益、取得一致意见的重要形式，是企业工作的一个有机组成部分。对于召集会议，事先通知、明确议题是非常重要的；对于参加会议来说，做好准备、按时出席、不到要请假等规定也是最基本的要求。

（5）和同事配合工作。企业许多工作都需要不同岗位的多名员工配合完成，对这方面也应提出一些具体要求，以保证在共同工作中各司其职、各显其能，发挥"1+1>2"的作用。

（6）尊重与沟通。尊重是凝聚力的基础，沟通是凝聚力的保证，有许多企业工作中出现的矛盾和冲突，主要就是因为尊重和沟通方面存在问题。这方面的要求是建立高效有序的工作秩序的基本保证，特别是在一些科技含量较高的企业，更应强调尊重与沟通的必要性。

（7）报告的要求。书面或口头报告有关情况是企业信息沟通、正常运转的重要途径，有些企业也因此把怎样进行报告以规范的形式加以明确。

4）待人接物

由于现代企业越来越多地受外部环境的影响，企业对外交往活动的频率、形式和内容都因此有较大的增加，因此对员工待人接物方面的规范性要求不仅是塑造企业形象的需要，而且也是培养高素质员工的必要途径之一。待人接物规范涉及的内容比较复杂，主要包括基本礼节、礼貌用语、电话礼仪、接待客人、登门拜访等方面。

（1）基本礼节。待人接物的基本礼节包括坐、立、行的姿态及表情、手势、握手、秩序等。于细微处见精神，员工在这些细节方面是否得体将在很大程度上影响外界对企业的看法。

（2）礼貌用语。文明首先是语言文明。语言美是待人接物最起码的要求。在一个文明的企业里，"您""请""谢谢""对不起""没关系"等应该成为员工最习惯的用语，而脏话、粗话应该是被禁止使用的；在一些正式场合，连口头禅、俗语等都是被禁用的。

（3）电话礼仪。由于电话是现代企业与外部交往的一个重要渠道和形象展示的窗口，因此电话礼仪成为员工待人接物需要十分注意的一个方面。

（4）接待客人。这里的客人包括客户、关系单位人员、一般来访者，尽管其来意不同、对企业的重要性不同，但接待的要求却应该是一致的，首先是要热情、礼貌。一些企业还根据实际做出了其他许多具体规定。

（5）登门拜访。企业为了推销产品、售后服务、争取资源、协调关系，就需要登门拜访。登门拜访的对象可能涉及用户、潜在用户和政府、社区等重要关系者。登门拜访，第一是要提前预约，避免成为不速之客；第二是要做充分的准备，以保证在有限的时间内达到拜访的目的。根据不同目的，企业可以对此有相应的规定。

5）环卫与安全

企业在环境保护方面对员工提出一定的要求，不仅有利于营造和维护企业的良好生产、生活环境，而且对于塑造良好的企业视觉形象有直接帮助。保护环境规范主要有办公室、车间、商店、企业公共场所方面的清洁卫生及保护水源、大气、绿化等要求，需要根据企业的实际需要而定。

6）素质与修养

提高员工的技术水平、工作能力和全面素质是企业的重要目标之一。企业除了采取短训班、培训班、研修班、讲座、进修等措施，建立必要的培训制度之外，还必须激发广大员工内在的学习提高的积极性。因此，许多有远见的企业在员工提高自身素质与修养方面做了相应规定，并将其纳入员工行为规范之中。

4.3.2.5 素质素养养成

在员工行为规范设计中，对员工的知识、技能、素质等多种因素综合考虑，引导员工养成良好的市场价值观念，鼓励员工进行自我约束，对照成长。

4.3.2.6 任务分组

学生任务分组表如表4.3.12所示。

表 4.3.12　学生任务分组表

班级			组号		指导教师	
组长			学号			
组员	姓名		学号	姓名		学号
任务分工						

4.3.2.7 自主探究

任务工作单1

组号：_____　姓名：_____　学号：_____　检索号：__4327-1__

引导问题：

（1）查阅文献，简述员工行为规范的含义及主要内容。

_____
_____

（2）谈谈你认为设计员工行为规范应该遵循哪些原则。

_____
_____

项目视野：

下面为采食屋项目的员工部分行为规范制度。

第一部分 工作程序

（一）上班准备工作操作流程

第一，核对当天新进货物、登记物料、发现货物有问题及时与采购人核对并向店长汇报；

第二，修改当天价格表；

第三，摆放、整理当天商品；

第四，清扫店内及门前卫生；

第五，打开并检查以下设备是否正常：电脑、收银机、POP机、电子秤；

第六，核对收银箱内零钱，备好零钱；

第七，开门迎客。

（二）下班准备工作操作流程

第一，物品盘点：当天货物盘点，核对并记录在档；

第二，填进货单：根据连续三天的销售情况填写补货单、进货单；遇重要节日需提前三天做好进货预算；

第三，清点现金：清点当天营业额，整钱请按公司规定移交给公司财务，或存放到公司指定的账户中；零钱请带走或做好登记后留在收银柜中；

第四，填日报表：填写收入日报表，按不同的收款形式填写，即现金、刷卡等，各填一份，以便对账；

第五，清洁卫生：清理果汁机等工具，打扫卫生，清理垃圾、剩水；

第六，各类工具应物归原位；

第七，关掉各类电器、电灯；

第八，锁好门窗。

第二部分 仪容仪表

门店员工保持端庄、大方的发型，洁净、清爽的面部，统一、干净、合体的制服。

第一，统一佩戴公司工作牌或徽章；

第二，衣着整洁：按规定着工作制服，制服要求勤换洗并熨整洁，衣服不得有明显皱纹、明显脏污；

第三，面容整洁：发型均要求大众化，不能奇形怪状；女同志要求淡妆上岗，男同志要求刮净胡子，头发整洁；

第四，手指甲要勤修剪，指甲长不得超过指尖两毫米，指甲只可染无色、肉色指甲油。

第三部分 工作状态要求

员工应站有站姿，坐有坐姿，行有行姿，文明礼貌。

第一，举止大方，行为端正，须站姿挺拔，坐姿文雅，行姿稳重，服务热情周到规范；

第二，服务过程中不得塌腰、耸肩、晃动身体、玩弄东西；

第三，工作过程中不可大声说话、高声喧哗，不得满口粗语，杜绝争吵行为；

第四，不得对顾客表现不耐烦或不屑；

第五，不得在店内吸烟、喝酒、吃零食。

第四部分 待客礼仪

良好的待客礼仪给予顾客更加深刻的服务体验，对顾客的满意度产生重要影响。

第一，记住顾客姓名，主动与顾客打招呼；

第二，使用礼貌用语，接受咨询时语气温和，坚持使用文明用语，不顶撞顾客；

第三，主动询问顾客使用/食用公司产品后的感受；

第四，主动咨询顾客关于公司改善服务、改善产品品种的意见建议。

第五部分　店面卫生与安全

大厅：

第一，店铺门面楼梯、绿植保持干净整洁（不许落叶堆积、货物乱摆乱放）；

第二，地面干净整洁、无明显污渍（不许出现地面粘鞋、成块垃圾等）；

第三，货架、展示柜及其他设备明亮干净，无灰尘、污渍（一周一次大清洁）；

第四，墙上及开关不允许灰尘堆积、出现蜘蛛网等卫生情况；

第五，清洁工具、客人用具保持整洁及摆放整齐。

收银区：

第一，保持收银台面及菜单的整洁（无纸屑、水渍）；

第二，保持收银设备及相关设备的卫生整洁（不许出现小票堆积情况）；

第三，收银机展示内容要求美观大方，由上级统一制作（不许出现私人乱写贴纸）；

第四，收银台下货物摆放整齐，减少没必要的货物堆放；

第五，收银区域的地面卫生干净整洁（无明显垃圾、水渍）。

操作区：

第一，保持操作台面的干净整洁、工具设备的摆放整齐（无明显水渍、污渍）；

第二，保持操作区域的地面卫生整洁（无明显水渍、污渍）；

第三，保持出品台的桌面整洁（可放置一块抹布随时处理污渍）；

第四，及时清理水槽及抹布的水渍、污渍；

第五，生产设备及工具的卫生清洁及台面卫生保持（不允许出现乱摆乱放）。

第六部分　考勤管理制度

第一，工作时间。

上午上班时间为 7:00，下班时间为 12:00；下午上班时间为 13:30，下班时间为 21:00，中间从 11:00 到 17:00，可根据实际情况，二人轮休。

第二，考勤记录。

店员实行签到考勤，月底由店长将考勤表交到财务人员，负责打考勤的人不得徇私舞弊；考勤表是财务人员制定员工工资的重要依据。

第三，考勤类别。

迟到：凡超过上班时间 5~30 分钟未到工作岗位者，视为迟到。

早退：凡未向主管领导请假，提前 5~30 分钟离开工作岗位者，视为早退。

旷工：凡未出具休假、事假证明者，或休假未经批准，按实际天数计算旷工。

事假：员工因事请假，应提前填写请假条。事假实行无薪制度。

第七部分　素质技能提升

第一，店长应利用闲暇时间学习有关销售知识、门店管理知识；

第二，及时组织店员进行模拟演练；

第三，跟踪部分顾客购买时间、数量、品种，通过分析用户，制定销售方案和改善进货方案；

第四，团队文化学习以及参加门店安排的其他培训。

任务工作单 2

组号：＿＿＿＿＿＿　姓名：＿＿＿＿＿＿　学号：＿＿＿＿＿＿　检索号：＿4327-2＿

引导问题：

参考上述案例的员工行为规范，结合本组小微企业创业项目情况，从以下几个方面入手，设计小组项目门店员工行为规范的制度文件（如纸张不够可另添活页）。

员工行为规范

总纲

第一部分　工作程序

第二部分　仪容仪表

第三部分　岗位纪律

第四部分　待人接物

第五部分　环卫与安全

第六部分　素质与修养

第七部分　其他

4.3.2.8 合作研学

任务工作单 1

组号：_____ 姓名：_____ 学号：_____ 检索号：__4328-1__

引导问题：

（1）小组交流讨论，教师参与，优化小组设计的员工行为规范内容。

员工行为规范

总纲

第一部分　工作程序

第二部分　仪容仪表

第三部分　岗位纪律

第四部分　待人接物

第五部分　环卫与安全

第六部分　素质与修养

第七部分　其他

（2）记录自己存在的不足。

_____
_____

4.3.2.9 展示赏学

任务工作单 1

组号：_____ 姓名：_____ 学号：_____ 检索号：__4329-1__

引导问题：

（1）每小组推荐一位小组长，汇报小组设计的本项目员工行为规范制度，借鉴每组经验，进一步对各规范制度进行优化。

员工行为规范

总纲

第一部分　工作程序

第二部分　仪容仪表

第三部分　岗位纪律

第四部分　待人接物

第五部分　环卫与安全

第六部分　素质与修养

第七部分　其他

(2) 检讨自己的不足。

_____
_____

4.3.2.10 评价反馈

任务工作单 1

组号：_____ 姓名：_____ 学号：_____ 检索号：__43210-1__

个人自评表

班级		组名		日期	年 月 日
评价指标	评价内容			分数	分数评定
信息收集能力	能有效利用网络、图书资源查找有用的相关信息等；能将查到的信息有效地传递到学习中			10 分	
感知课堂生活	是否熟悉员工行为规范制度的内容，认同分工协作的价值；在学习中是否能获得满足感			10 分	
参与态度，沟通能力	积极主动与教师、同学交流，相互尊重、理解、平等；与教师、同学之间是否能够保持多向、丰富、适宜的信息交流			10 分	
	能处理好合作学习和独立思考的关系，做到有效学习；能提出有意义的问题或能发表个人见解			10 分	
知识、能力获得	1. 能掌握员工行为规范的含义及主要内容			10 分	
	2. 能掌握员工行为规范的设计原则			10 分	
	3. 能设计不同方面的员工行为规范内容			10 分	
	4. 能制定明确的员工行为规范标准			10 分	
思维态度	是否能发现问题、提出问题、分析问题、解决问题、创新问题			10 分	
自评反馈	按时按质完成任务；较好地掌握了知识点；具有较强的信息分析能力和理解能力；具有较为全面严谨的思维能力并能条理清楚明晰表达成文			10 分	
	自评分数				
有益的经验和做法					
总结反馈建议					

任务工作单 2

组号: _____ **姓名:** _____ **学号:** _____ **检索号:** 43210-2

小组内互评验收表

验收组长		组名		日期	年　月　日
组内验收成员					
任务要求	简述员工行为规范的含义及主要内容;说出员工行为规范的设计原则;设计不同方面的员工行为规范内容;制定明确的员工行为规范标准				
验收文档清单	被验收者 4327-1 工作任务单				
	被验收者 4327-2 工作任务单				
	文献检索清单				
验收评分	评分标准		分数		得分
	能简述员工行为规范的含义及主要内容,错误一处扣 5 分		20 分		
	能说出员工行为规范的设计原则,错误一处扣 5 分		20 分		
	能设计不同方面的员工行为规范内容,不足一处扣 5 分		25 分		
	能制定明确的员工行为规范标准,错误一处扣 2 分		20 分		
	提供文献检索清单,少于 3 项,缺一项扣 5 分		15 分		
	评价分数				
不足之处					

任务工作单 3

被评组号: _____ **检索号:** 43210-3

小组间互评表

班级		评价小组		日期	年　月　日
评价指标	评价内容		分数		分数评定
汇报表述	表述准确		15 分		
	语言流畅		10 分		
	准确概括任务完成情况		15 分		
内容正确度	员工行为规范内容设计合理		30 分		
	员工行为规范的标准描述恰当		30 分		
	互评分数				
简要评述					

任务工作单 4

组号：_____ 姓名：_____ 学号：_____ 检索号：__43210-4__

任务完成情况评价表

任务名称		员工行为规范			总得分	
评价依据		学生完成的 4327-1、4327-2 任务工作单，完成的 4328-1、4329-1 任务工作单				
序号	任务内容及要求		配分	评分标准	教师评价	
					结论	得分
1	能简述员工行为规范的含义及主要内容	（1）描述正确	10 分	缺一个要点扣 1 分		
		（2）语言表达流畅	10 分	酌情赋分		
2	能说出员工行为规范的设计原则	（1）描述正确	10 分	缺一个要点扣 1 分		
		（2）语言流畅	10 分	酌情赋分		
3	能设计不同方面的员工行为规范内容	（1）思路正确	10 分	缺一个要点扣 2 分		
		（2）结构合理	10 分	酌情赋分		
4	能制定明确的员工行为规范标准	（1）描述正确	10 分	缺一个要点扣 2 分		
		（2）语言流畅	10 分	酌情赋分		
5	至少包含 3 份文献的检索文献目录清单	（1）数量	5 分	每少一个扣 2 分		
		（2）参考的主要内容要点	5 分	酌情赋分		
6	素质素养评价	（1）沟通交流能力	10 分	酌情赋分，但违反课堂纪律，不听从组长、教师安排不得分		
		（2）团队合作				
		（3）课堂纪律				
		（4）合作探学				
		（5）自主研学				
		（6）培养着眼实际、关注细节的意识				
		（7）培养规范、标准意识				
		（8）培养职业素养				
		（9）培养语言表达能力和沟通能力				

任务三　员工考核

4.3.3.1 任务描述

根据本组小微企业创业项目目标，采用测评法，将表4.3.13所示门店员工考核表设计完整。

表4.3.13　门店员工考核表

姓名：		职位：		考核时间：				
考核项目及分值	具体内容		所占分值	评分标准与说明	自我评分	同事评分	店长评分	评分结果
综合评分								
奖惩与考勤	评分规则：							
考核结果：共计（　　）分				计分公式：综合评分+奖惩评分+考勤评分=考核总分				
缺点及改进方向								
考核意见								

4.3.3.2 学习目标

1. 知识目标
（1）理解员工考核的目的及作用。
（2）掌握员工考核的主要内容和方法。

2. 能力目标
（1）能根据组织目标订立员工考核项目。
（2）能具体设计员工考核的标准、方法及说明。

3. 素质素养目标
（1）培养全局、综合分析问题的意识。
（2）培养规范、标准意识。
（3）培养分工协作的合作意识。
（4）培养语言表达和沟通能力。

4.3.3.3 重难点

1. 重点
员工工作考评制度的设计。

2. 难点
（1）准确设计员工考核项目。
（2）制定合理的员工考核标准及方法。

4.3.3.4 相关知识链接

1. 员工考核的目的及作用

员工考核是指公司或上级领导按照一定的标准，采用科学的方法，衡量与评定员工完成岗位职责任务的能力与效果的管理方法，其主要目的是让员工更好地工作，为公司更加服务。

（1）目的。对员工进行考核，从管理者的角度看，主要有两大基本目的：第一，发掘与有效利用员工的能力；第二，通过考核，对员工给予公正的评价与待遇，包括奖惩与升迁等。

（2）作用。员工考核的作用包括4点：第一，考核有利于评价、监督和促进员工的工作，有明显的激励作用；第二，为确定员工的劳动报酬与其他待遇提供科学依据；第三，为个人认识自我、组织进行考核，促进员工的全面发展创造条件；第四，有利于管理者了解下属，以便进行合理的岗位调整及职务晋升。

2. 员工考核的内容

（1）德：即考核员工的思想政治表现与职业道德。
（2）能：是指员工的工作能力，主要包括员工的基本业务能力、技术能力、管理能力与创新能力等。
（3）勤：是指员工的工作积极性和工作态度。
（4）绩：主要指工作业绩，包括可以量化的刚性成果和不易量化的可评估成果。
（5）个性：主要了解员工的性格、偏好、思维特点等。
（6）创新：鼓励员工有创新精神，时代在进步，处事方式也要变革。
（7）责任感：对要事的担当，敢于承认错误，愿意对事件发生后果负责。

（8）质量：衡量行业标准做事，对产品或服务严谨认真，追求卓越，尽善尽美，逐步完善工序流程。

（9）纪律性：凡事以大局为重，原则性很强，但是从工作角度出发点比较善良，不会钩心斗角。

（10）协调：对于矛盾和突发事件积极引导，能按要求客观处理应急事件，化解矛盾，缓解压力，在原则下和平共处。

3. 员工考核的要求

（1）考核最基本的要求是必须坚持客观公正的原则。

（2）要建立由正确的考核标准、科学的考核方法和公正的考核主体组成的考核体系。

（3）要实行多层次、多渠道、全方位、制度化的考核。

（4）要注意考核结果的正确运用。

4. 员工考核的方法

（1）实测法，是指通过各种项目实际测量进行考评的方法。例如，对员工进行生产技术技能的考评，通常采用现场作业，通过对其实际测量，进行技术测定、能力考核。

（2）成绩记录法，是指将取得的各项成绩记录下来，以最后累积的结果进行评价的方法。这种方法主要适用于能实行日常连续纪录的生产经营活动，如生产数量、进度、质量投诉等。

（3）书面考试法，是指通过各种书面考试的形式进行考评的方法。这种方法适用于根据员工所掌握的理论知识进行测定。

（4）直观评估法，是指依据对被考评者平日的接触与观察，由考评者凭主观判断进行评价的方法。这种方法简便易行，但易受考评者的主观好恶影响，科学性差。

（5）情景模拟法是指设计特定情境，考察被考评者现场随机处置能力的一种方法。

（6）民主测评法，即由组织的员工集体打分评估的考核方法。

（7）因素评分法，即分别评估各项考核因素，为各因素评分，然后汇总，确定考核结果的一种考核方法。

4.3.3.5 素质素养养成

在设计员工考核时，注重对员工多方面、综合能力的考核评价。在员工考核进行过程中，要本着公平、公正、公开的原则对待每一位员工，实事求是地对其工作情况作出考核评价。

4.3.3.6 任务分组

学生任务分组表如表 4.3.14 所示。

表 4.3.14 学生任务分组表

班级			组号		指导教师	
组长			学号			
组员	姓名		学号	姓名		学号

任务分工	

4.3.3.7 自主探究

任务工作单 1

组号：_____ 姓名：_____ 学号：_____ 检索号：4337-1

引导问题：

（1）查阅文献，谈谈员工考评的目的及作用。

_____

_____

（2）简述员工考评的主要内容和方法。

_____

_____

项目视野：

表 4.3.15 所示为采食屋项目的员工考核表。

表 4.3.15 采食屋项目的员工考核表

采食屋员工考核表							
姓名		岗位			考核人		
部门		考核时间					
考核维度及项目类型		优秀10分 良好7分 较差5分 极差2分			自评	上级评分	本栏得分
销售指标	1. 营业额	计划完成	实际完成	完成率			
^	^						
内部运营	2. 纪律性	严格要求自己遵守公司各项规章制度，纪律性强，无随意违纪、违规现象					
^	3. 计划性	及时制订工作计划，完成率高，工作成果良好，并及时形成书面总结					
^	4. 执行性	对上级指示、决议、计划坚决执行并督促跟进下级工作					
^	5. 工作速度	完成工作迅速、及时，无浪费时间或拖拉现象					
^	6. 沟通合作	在人际关系及与其他部门配合方面没有不满或怨言，积极沟通，团队合作性强					
^	7. 流程标准	工作认真细致，考虑问题全面，流程遗漏率低，出错率低					
^	8. 店铺卫生	严格按照卫生条例进行清洁，保证店铺整洁					

续表

部门		考核时间		自评	上级评分	本栏得分
考核维度及项目类型		优秀 10 分　良好 7 分　较差 5 分　极差 2 分				
线上运营	9. 社群运营	每日产品推荐及活动推广相关方面的执行情况				
	10. 平台运营	产品上新、价格更新、产品售完及时下架、产品活动推广				
客户维护	11. 客户开发	新会员推广及社群推广				
	12. 老客户维护	根据客户消费习惯，深化客户关系，增强客户归属感				
	13. 客户满意度	对客户服务完善，客户满意度高，无埋怨及投诉现象				
评价得分						
奖惩加/减分		事由：　　　　　　　　分值：加/减　　　分，总计本月得分　　　分				
评价等级		□优秀 105 分及以上　　□良好 80~104 分　　□差 80 分以下				
评价者综合建议						

任务工作单 2

组号：_____　姓名：_____　学号：_____

检索号：__4337-2__

员工绩效考核方案范本

引导问题：

参考上面案例，根据本小组小微企业创业项目目标，采用测评法设计门店员工考核表，如表 4.3.16 所示。

表 4.3.16　门店员工考核表

姓名：		职位：	考核时间：				
考核项目及分值		具体内容	所占分值	评分标准与说明	自我评分	同事评分	店长评分	评分结果

续表

综合评分	
奖惩与考勤	评分规则：
考核结果：共计（　　）分　　　计分公式：综合评分+奖惩评分+考勤评分=考核总分	
缺点及改进方向	
考核意见	

4.3.3.8 合作研学

任务工作单 1

组号：＿＿＿＿＿＿**姓名：**＿＿＿＿＿＿**学号：**＿＿＿＿＿＿**检索号：　4338-1**

引导问题：

（1）小组交流讨论，教师参与，优化小组设计的员工考核表，如表 4.3.17 所示。

表 4.3.17　门店员工考核表

姓名：		职位：		考核时间：				
考核项目及分值	具体内容	所占分值	评分标准与说明	自我评分	同事评分	店长评分	评分结果	
综合评分								
奖惩与考勤	评分规则：							
考核结果：共计（　　）分　　　计分公式：综合评分+奖惩评分+考勤评分=考核总分								
缺点及改进方向								
考核意见								

(2) 记录自己存在的不足。

4.3.3.9 展示赏学

任务工作单 1

组号：_____ 姓名：_____ 学号：_____ 检索号：__4339-1__

引导问题：

(1) 每小组推荐一位小组长，汇报本小组项目门店的员工考核表设计方案，借鉴每组经验，进一步优化完善员工考核表，如表 4.3.18 所示。

表 4.3.18　门店员工考核表

姓名：		职位：		考核时间：				
考核项目及分值	具体内容	所占分值		评分标准与说明	自我评分	同事评分	店长评分	评分结果
综合评分								
奖惩与考勤		评分规则：						
考核结果：共计（　　　）分				计分公式：综合评分+奖惩评分+考勤评分=考核总分				
缺点及改进方向								
考核意见								

（2）检讨自己的不足。

_____

_____

4.3.3.10 评价反馈

任务工作单 1

组号：_____ 姓名：_____ 学号：_____ 检索号：43310-1

个人自评表

班级		组名		日期	年　月　日
评价指标	评价内容			分数	分数评定
信息收集能力	能有效利用网络、图书资源查找有用的相关信息等；能将查到的信息有效地传递到学习中			10分	
感知课堂生活	是否熟悉员工考评的内容及方法，认同分工协作的价值；在学习中是否能获得满足感			10分	
参与态度，沟通能力	积极主动与教师、同学交流，相互尊重、理解、平等；与教师、同学之间是否能够保持多向、丰富、适宜的信息交流			10分	
	能处理好合作学习和独立思考的关系，做到有效学习；能提出有意义的问题或能发表个人见解			10分	
知识、能力获得	1. 能阐述员工考评的目的及作用			10分	
	2. 能说出员工考评的内容与方法			10分	
	3. 能根据组织目标订立员工考核项目			10分	
	4. 能具体设计员工考核的标准、方法及说明			10分	
思维态度	是否能发现问题、提出问题、分析问题、解决问题、创新问题			10分	
自评反馈	按时按质完成任务；较好地掌握了知识点；具有较强的信息分析能力和理解能力；具有较为全面严谨的思维能力并能条理清楚明晰表达成文			10分	
自评分数					
有益的经验和做法					
总结反馈建议					

任务工作单 2

组号：_____ **姓名：**_____ **学号：**_____ **检索号：** 4339-2

小组内互评验收表

验收组长		组名		日期	年 月 日
组内验收成员					
任务要求	简单阐述员工考评的目的及作用；说出员工考评的内容与方法；根据组织目标订立员工考核项目；具体设计员工考核的标准、方法及说明					
验收文档清单	被验收者 4337-1 工作任务单 被验收者 4337-2 工作任务单				
	文献检索清单				
验收评分	评分标准		分数		得分
	能阐述员工考评的目的及作用，错误一处扣 5 分		20 分		
	能说出员工考评的内容与方法；错误一处扣 5 分		20 分		
	能根据组织目标订立员工考核项目，不足一处扣 5 分		25 分		
	能设计员工考核的标准、方法及说明，不足一处扣 2 分		20 分		
	提供文献检索清单，少于 3 项，缺一项扣 5 分		15 分		
	评价分数				
不足之处					

任务工作单 3

被评组号：_____ **检索号：** 43310-3

小组间互评表

班级		评价小组		日期	年 月 日
评价指标	评价内容		分数		分数评定
汇报表述	表述准确		15 分		
	语言流畅		10 分		
	准确概括任务完成情况		15 分		
内容正确度	考核项目设计合理		30 分		
	考核标准、说明设计清晰完整		30 分		
	互评分数				
简要评述					

任务工作单4

组号：_____ 姓名：_____ 学号：_____ 检索号：　43310-4　

任务完成情况评价表

任务名称		员工考评			总得分	
评价依据		学生完成的4337-1、4327-2任务工作单，完成的4338-1、4339-1任务工作单				
序号	任务内容及要求		配分	评分标准	教师评价	
					结论	得分
1	能阐述员工考评的目的及作用	（1）描述正确	10分	缺一个要点扣1分		
		（2）语言表达流畅	10分	酌情赋分		
2	能说出员工考评的内容与方法	（1）描述正确	10分	缺一个要点扣1分		
		（2）语言流畅	10分	酌情赋分		
3	能根据组织目标订立员工考核项目	（1）思路正确	10分	缺一个要点扣2分		
		（2）结构合理	10分	酌情赋分		
4	能具体设计员工考核的标准、方法及说明	（1）描述正确	10分	缺一个要点扣2分		
		（2）语言流畅	10分	酌情赋分		
5	至少包含3份文献的检索文献目录清单	（1）数量	5分	每少一个扣2分		
		（2）参考的主要内容要点	5分	酌情赋分		
6	素质素养评价	（1）沟通交流能力	10分	酌情赋分，但违反课堂纪律，不听从组长、教师安排不得分		
		（2）团队合作				
		（3）课堂纪律				
		（4）合作探学				
		（5）自主研学				
		（6）培养全局、综合分析问题的意识				
		（7）培养规范、标准意识				
		（8）培养分工协作的合作意识				
		（9）培养语言表达能力和沟通能力				

项目四

财务分析

任务一　成本核算

4.4.1.1 任务描述

结合本组小微企业创业项目情况,对项目门店经营中每日营业支出进行预核算,然后作出每类支出是否调整的决策,如表 4.4.1 所示。

表 4.4.1 _____ 项目门店每日营业支出明细表

各类支出项目	单价	数量	总金额	是否调整	备注

4.4.1.2 学习目标

1. 知识目标

(1) 掌握成本的概念。
(2) 掌握成本核算的意义、方法及原则。

2. 能力目标
（1）能对各环节成本支出进行全面记录。
（2）能正确核算门店的成本及收支情况。

3. 素质素养目标
（1）培养风险把控能力。
（2）培养忧患意识。
（3）培养逻辑思维及分析能力。
（4）培养全局规划观念。

4.4.1.3 重难点

1. 重点
正确核算门店的成本及收支情况。

2. 难点
（1）各项成本的全面记录。
（2）正确核算门店的成本及收支情况。

4.4.1.4 相关知识链接

1. 成本的含义

成本（Cost），是指生产活动中所使用的生产要素的价格，成本也称生产费用。它有以下几方面的含义：

（1）成本属于商品经济的价值范畴。即成本是构成商品价值的重要组成部分，是商品生产中生产要素耗费的货币表现。

（2）成本具有补偿的性质。它是为了保证企业再生产而应从销售收入中得到补偿的价值。

（3）成本本质上是一种价值牺牲。它作为实现一定目的而付出资源的价值牺牲，可以是多种资源的价值牺牲，也可以是某些方面的资源价值牺牲；甚至从更广的含义看，成本是为达到一种目的而放弃另一种目的所牺牲的经济价值，在经营决策中所用的机会成本就有这种含义。

2. 成本核算的意义

成本核算是成本管理工作的重要组成部分，成本核算的准确与否，将直接影响企业的成本预测、计划、分析、考核等控制工作，同时也对企业的成本决策和经营决策产生重大影响。我们通过成本核算，可以计算出产品实际成本，可以作为生产耗费的补偿尺度，可以确定企业盈利的依据，便于有关部门制定产品价格和企业编制财务成本报表的依据。

3. 成本核算的方法

首先，正确划分各种费用支出的界限，如收益支出与资本支出、营业外支出的界限，产品生产成本与期间费用的界限，本期产品成本和下期产品成本的界限，不同产品成本的界限，在产品和产成品成本的界限等。

其次，认真执行成本开支的有关法规规定，按成本开支范围处理费用的列支。

再次，做好成本核算的基础工作，包括：建立和健全成本核算的原始凭证和记录、合理的凭证传递流程；制定工时、材料的消耗定额，加强定额管理；建立材料物资的计量、验收、领发、盘存制度；制定内部结算价格和内部结算制度。

最后，根据企业的生产特点和管理要求，选择适当的成本计算方法，确定成本计算对象、费用的归集与计入产品成本的程序、成本计算期、产品成本在产成品与在产品之间的划分方法等。方法有品种法、分批法和分步法,此外还有分类法、定额法等多种。

4. 成本核算的原则

(1) 合法性原则,指计入成本的费用都必须符合法律、法令、制度等的规定,不合规定的费用不能计入成本。

(2) 可靠性原则,包括真实性和可核实性。真实性就是所提供的成本信息与客观的经济事项相一致,不应掺假,或人为地提高、降低成本。可核实性指成本核算资料按一定的原则由不同的会计人员加以核算,都能得到相同的结果。真实性和可核实性是为了保证成本核算信息的正确可靠。

(3) 相关性原则,包括成本信息的有用性和及时性。有用性是指成本核算要为管理当局提供有用的信息,为成本管理、预测、决策服务。及时性是强调信息取得的时间性。及时的信息反馈,可及时地采取措施,改进工作。而这时的信息往往成为徒劳无用的资料。

(4) 分期核算原则。企业为了取得一定期间所生产产品的成本,必须将川流不息的生产活动按一定阶段(如月、季、年)划分为各个时期,分别计算各期产品的成本。成本核算的分期,必须与会计年度的分月、分季、分年相一致,这样可以便于利润的计算。

(5) 权责发生制原则。应由本期成本负担的费用,不论是否已经支付,都要计入本期成本;不应由本期成本负担的费用(即已计入以前各期的成本,或应由以后各期成本负担的费用),虽然在本期支付,也不应计入本期成本,以便正确提供各项的成本信息。

(6) 实际成本计价原则。生产所耗用的原材料、燃料、动力要按实际耗用数量的实际单位成本计算,完工产品成本的计算要按实际发生的成本计算。原材料、燃料、产成品的账户可按计划成本(或定额成本、标准成本)加、减成本差异,以调整到实际成本。

(7) 一致性原则。成本核算所采用的方法,前后各期必须一致,以使各期的成本资料有统一的口径,前后连贯,互相可比。

(8) 重要性原则。对于成本有重大影响的项目应作为重点,力求精确。而对于那些不太重要的琐碎项目,则可以从简处理。

4.4.1.5 素质素养养成

在经营生产活动中,培养对生产成本及销售活动准确认识的商业逻辑思维。在成本核算中,要仔细认真,准确列举及分类各项成本清单。

4.4.1.6 任务分组

学生任务分组表如表 4.4.2 所示。

表 4.4.2 学生任务分组表

班级		组号		指导教师	
组长		学号			
组员	姓名		学号	姓名	学号

任务分工	

续表

4.4.1.7 自主探究

任务工作单1

组号：_____ 姓名：_____ 学号：_____ 检索号： 4417-1

引导问题：

（1）查阅文献，简述成本核算的概念。

_____

_____

（2）谈谈成本核算的意义、方法及原则。

_____

_____

项目视野：

下面以小微创业项目采食屋的成本核算表为例，如表4.4.3所示。

表4.4.3 成本核算表

日期	货品采购（支出）						
	小计	水果	果饮原材料	一次性用品	甜品蛋糕	其他	备注说明
2022.11.1	0.00						
2022.11.2	1 207.88	1 207.88					
2022.11.3	936.56	936.56					
2022.11.4	5 275.27	1 275.27	3 918.00			82.00	
2022.11.5	1 125.22	656.22	384.00	85.00			
2022.11.6	367.45	367.45					
2022.11.7	639.59	639.59					
2022.11.8	0.00						
2022.11.9	2 122.9	1 838.9				284.00	
2022.11.10	4 564.44	594.44	3 970.00				
2022.11.11	767.92	737.92				30.00	
2022.11.12	669.30	669.3					
2022.11.13	1 066.26	886.26		180.00			
2022.11.14	0.00						
2022.11.15	1 786.80	1 775.80				11.00	
2022.11.16	355.32	355.32					

续表

日期	货品采购（支出）						
	小计	水果	果饮原材料	一次性用品	甜品蛋糕	其他	备注说明
2022.11.17	737.00	737.00					
2022.11.18	2 593.61	480.41				2 113.20	
2022.11.19	858.95	858.95					
2022.11.20	180.21	153.41				26.80	
2022.11.21	983.02	983.02					
2022.11.22	295.17	295.17					
2022.11.23	1 432.00	1 256.00		176.00			
2022.11.24	7 014.00	741.00	6 273.00				
2022.11.25	1 564.00	686.00	828.00			50.00	
2022.11.26	405.44	405.44					
2022.11.27	497.50	497.50					
2022.11.28	683.00	683.00					
2022.11.29	501.23	501.23					
2022.11.30	1 442.09	1 298.09			144.00		
	17 673.00				17 673.00		

任务工作单 2

组号：_____ 姓名：_____ 学号：_____ 检索号： 4417-2

引导问题：

参考上述案例的成本核算明细表，结合本小组小微企业创业项目情况，对项目门店经营中每日营业支出进行预核算，然后作出每类支出是否调整的决策，如表 4.4.4 所示。

表 4.4.4 _____ 项目门店每日营业支出明细表

各类支出项目	单价	数量	总金额	是否调整	备注

4.4.1.8 合作研学

任务工作单 1

组号：_____ 姓名：_____ 学号：_____ 检索号：4418-1

引导问题：

（1）小组交流讨论，教师参与，形成正确的每日营业支出进行预核算及决策，如表 4.4.5 所示。

表 4.4.5　项目门店每日营业支出明细表

各类支出项目	单价	数量	总金额	是否调整	备注

（2）记录自己存在的不足。

_____

_____

4.4.1.9 展示赏学

任务工作单 1

组号：_____ 姓名：_____ 学号：_____ 检索号：4419-1

引导问题：

（1）每小组推荐一位小组长，汇报小组项目成本记录表，借鉴每组经验，进一步优化每日营业支出进行预核算及决策，如表 4.4.6 所示。

表 4.4.6　项目门店每日营业支出明细表

各类支出项目	单价	数量	总金额	是否调整	备注

(2)检讨自己的不足。

4.4.1.10 评价反馈

任务工作单1

组号：_____ 姓名：_____ 学号：_____ 检索号：44110-1

个人自评表

班级		组名		日期	年　月　日
评价指标	评价内容			分数	分数评定
信息收集能力	能有效利用网络、图书资源查找有用的相关信息等；能将查到的信息有效地传递到学习中			10分	
感知课堂生活	是否熟悉成本的概念及成本核算作用；在学习中是否能获得满足感			10分	
参与态度，沟通能力	积极主动与教师、同学交流，相互尊重、理解、平等；与教师、同学之间是否能够保持多向、丰富、适宜的信息交流			10分	
	能处理好合作学习和独立思考的关系，做到有效学习；能提出有意义的问题或能发表个人见解			10分	
知识、能力获得	1. 能掌握成本概念			10分	
	2. 能掌握成本核算的意义、方法及原则			10分	
	3. 能对各环节成本支出进行全面记录			10分	
	4. 能正确核算门店的每日支出情况			10分	
思维态度	是否能发现问题、提出问题、分析问题、解决问题、创新问题			10分	
自评反馈	按时按质完成任务；较好地掌握了知识点；具有较强的信息分析能力和理解能力；具有较为全面严谨的思维能力并能条理清楚明晰表达成文			10分	
自评分数					
有益的经验和做法					
总结反馈建议					

任务工作单 2

组号：_____ 姓名：_____ 学号：_____ 检索号：__44110-2__

小组内互评验收表

验收组长		组名		日期		年　月　日
组内验收成员						
任务要求	简述成本概念；能说出成本核算的意义、方法及原则；能对各环节成本支出进行全面记录；能正确核算门店的支出情况					
验收文档清单	被验收者 4417-1 工作任务单 被验收者 4417-2 工作任务单					
	文献检索清单					
验收评分	评分标准			分数		得分
	能简述成本的概念，错误一处扣 5 分			20 分		
	能说出成本核算的意义、方法及原则，错误一处扣 5 分			20 分		
	能对各环节成本支出进行全面记录，错误一处扣 5 分			25 分		
	能正确核算门店的支出情况，错误一处扣 2 分			20 分		
	提供文献检索清单，少于 3 项，缺一项扣 5 分			15 分		
	评价分数					
不足之处						

任务工作单 3

被评组号：_____ 检索号：__44110-3__

小组间互评表

班级		评价小组		日期		年　月　日
评价指标	评价内容			分数		分数评定
汇报表述	表述准确			15 分		
	语言流畅			10 分		
	准确概括任务完成情况			15 分		
内容正确度	成本核算明细清晰			30 分		
	支出预算准确合理			30 分		
	互评分数					
简要评述						

任务工作单 4

组号：_____ **姓名：**_____ **学号：**_____ **检索号：** 44110-4

任务完成情况评价表

任务名称		成本核算		总得分		
评价依据		学生完成的 4417-1、4417-2 任务工作单，完成的 4418-1、4419-1 任务工作单				
序号	任务内容及要求		配分	评分标准	教师评价	
					结论	得分
1	简述成本概念	（1）描述正确	10 分	缺一个要点扣 1 分		
		（2）语言表达流畅	10 分	酌情赋分		
2	能说出成本核算的意义、方法及原则	（1）描述正确	10 分	缺一个要点扣 1 分		
		（2）语言流畅	10 分	酌情赋分		
3	能对各环节成本支出进行全面记录	（1）思路正确	10 分	缺一个要点扣 2 分		
		（2）结构合理	10 分	酌情赋分		
4	能正确核算门店的成本及收支情况	（1）描述正确	10 分	缺一个要点扣 2 分		
		（2）语言流畅	10 分	酌情赋分		
5	至少包含 3 份文献的检索文献目录清单	（1）数量	5 分	每少一个扣 2 分		
		（2）参考的主要内容要点	5 分	酌情赋分		
6	素质素养评价	（1）沟通交流能力 （2）团队合作 （3）课堂纪律 （4）合作探学 （5）自主研学 （6）培养风险把控能力 （7）培养忧患意识 （8）培养逻辑思维及分析能力 （9）培养全局规划观念	10 分	酌情赋分，但违反课堂纪律，不听从组长、教师安排不得分		

任务二　收益结构分析

4.4.2.1 任务描述

对小微企业创业项目采食屋的收益组成结构和经营情况进行分析，如图4.4.1所示。

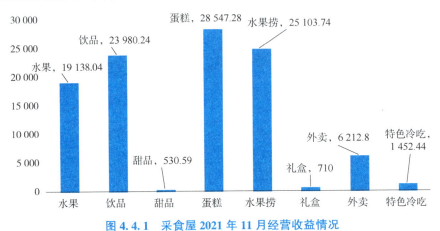

图 4.4.1　采食屋 2021 年 11 月经营收益情况

4.4.2.2 学习目标

1. 知识目标

（1）掌握收益组成结构分析的意义和原则。

（2）掌握收益的组成要素。

2. 能力目标

（1）能进行收益组成分类和统计。

（2）从项目门店各项收益结构中分析经营状况。

3. 素质素养目标

（1）培养精益意识。

（2）培养分析问题能力。

（3）提升知行合一能力。

（4）培养实事求是意识。

4.4.2.3 重难点

1. 重点

门店收益结构分析。

2. 难点

（1）各项收益的分类统计。

（2）通过收益统计进行经营状况分析。

4.4.2.4 相关知识链接

1. 收益结构分析的意义

收益结构是指不同性质的收入、支出与相应总收入、总支出及企业盈利的关系,它反映各个具体的收入和支出项目占总收入和总支出的比例,企业的收入和支出是如何通过影响各种收入和支出项目的形成从而影响企业利润的。企业的收益结构分析是通过计算收益的各个组成部分占企业税前利润的比例,结合不同时期的比较,揭示企业收益结构变化,据此确定对企业盈利能力产生重要影响的因素,并在此基础上进一步分析这些因素盈利能力的高低,从而达到分析企业盈利能力的目的。

企业的收益结构表现为企业盈利是由什么项目组成或怎样的盈利项目组成,不同的收支项目和盈利项目及其占总收支和总盈利的比例,对评价企业盈利能力有着极不相同的作用和影响。分析收益结构对盈利能力分析具有重要意义。

企业的盈利质量是指盈利的可靠性、稳定性和持久性。企业的盈利总额可以解释企业的盈利总水平,却不能表明这一盈利是怎样形成的,即它无法揭示这一盈利的内在质量。因而,盈利质量这一对财务报表使用者来说最为重要的信息,只有通过收益结构的分析来达到目的。

2. 收益结构分析的原则

(1) 真实性原则,信息数据必须真实有效,这样才能准确分析经营情况。

(2) 实事求是原则,根据店内各项收入情况进行实际分析,对于分析结果要不断总结并且制订相应的计划目标。

(3) 具体问题具体分析原则,通过各项收入情况,进行数据分析时要根据特定情况讨论。

3. 收益结构分析的内容

收益收支结构是按照总收入和总支出与收益的关系以及各类收入与总收入和各类支出与总支出的关系建立起来的。反映各个具体的收入和支出项目占总收入和总支出的比例,指出企业的收入和支出是如何通过各种收入和支出项目的形成从而影响企业利润的。

饭店经营收益的五大来源

企业经过生产和经营活动,一方面要取得不同形式的收入,另一方面要发生与取得收入相关的支出,企业利润是收入与支出抵后形成的。

(1) 营业收入:营业收入不再区分主营业务收入和其他业务收入,原因在于当今混业经营的发展使我们很难区分主营业务与其他业务。主营业务的有关数据可以从利润表的附表中获取。

(2) 营业成本:包括主营业务成本、主营业务税金及附加、其他业务支出。

(3) 营业税金:是指企业生产经营过程中发生的向国家交纳的税金,这部分税金构成企业的产品成本。

(4) 管理费用:本项目列报企业行政管理部门为组织和管理生产经营活动而发生的各项费用。

(5) 营业费用:本项目列报企业负担的为销售商品而发生的费用。

(6) 财务费用:本项目列报企业在生产经营过程中为筹集资金而发生的各项费用。

(7) 投资损益:本项目为企业对外投资所取得的收益或发生的损失。

(8) 计提的资产减值准备:包括坏账准备、短期投资跌价准备、存货跌价准备和长期投资减值准备、固定资产减值准备、无形资产减值准备、在建工程减值准备和委托贷款减值准备的数额。

(9) 公允价值变动损益:本科目核算企业在初始确认时划分为以公允价值计量且其变动计入当期损益的金融资产或金融负债,以及采用公允价值模式计量的投资性房地产、衍生工具、套期业务中公允价值变动形成的应计入当期损益的利得或损失。

以上，不同业务在企业经营和理财中的作用是不同的，对企业生存和发展的影响程度也不一样，不同业务取得的收入对企业盈利能力的数量和质量都有影响，分析收入结构对于分析盈利能力有着重要作用。

4.4.2.5 素质素养养成

（1）引导学生在收益结构分析中一定注意，要能够正确分析店铺主营业务收入及其他成品收入的区别。

（2）要深知，通过收益结构分析结果来制定门店经营销售目标和销售计划是收益分析的目的。

4.4.2.6 任务分组

学生任务分组表如表4.4.7所示。

表4.4.7　学生任务分组表

班级			组号		指导教师	
组长			学号			
组员	姓名		学号	姓名		学号
任务分工						

4.4.2.7 自主探究

任务工作单1

组号：_____　姓名：_____　学号：_____　检索号：__4427-1__

引导问题：

（1）查阅文献，简述收益结构分析的意义和原则。

_____

（2）谈谈收益的组成要素。

_____

项目视野：

下面以小微创业项目采食屋的门店收益经营数据为例，如表4.4.8、图4.4.2所示。

表 4.4.8　采食屋 2022 年 11 月每日营业结算表

日期	营业额（收入）						现金管理
	小计	收银机	微信	支付宝	趣点达	礼盒	上缴现金（每日）
2022.11.1	2 819.43	2 297.33	384.40	71.70	66.00		
2022.11.2	3 054.07	2 392.87	538.20	28.00	95.00		
2022.11.3	4 733.33	3 703.93	345.40	5.00	84.00	595.00	
2022.11.4	3 079.29	2 479.79	438.50	8.00	153.00		
2022.11.5	4 014.41	3 507.81	234.60	13.00	259.00		
2022.11.6	2 730.53	1 864.53	493.00	0.00	373.00		
2022.11.7	3 149.63	2 420.23	315.50	9.90	404.00		
2022.11.8	3 007.02	2 803.32	89.70	0.00	114.00		
2022.11.9	3 503.50	2 892.20	435.30	0.00	176.00		
2022.11.10	3 117.26	2 468.56	387.70	0.00	261.00		
2022.11.11	3 788.13	3 199.03	360.10	0.00	229.00		
2022.11.12	3 503.97	2 886.22	373.75	0.00	244.00		
2022.11.13	2 392.98	1 975.88	73.10	0.00	344.00		
2022.11.14	1 963.62	1 540.72	259.40	0.00	163.50		
2022.11.15	2 826.13	2 404.63	276.50	0.00	145.00		
2022.11.16	2 818.84	2 254.55	401.29	0.00	163.00		
2022.11.17	3 138.19	2 432.89	393.30	0.00	312.00		
2022.11.18	2 993.06	2 345.06	448.00	0.00	200.00		
2022.11.19	2 973.09	2 506.39	302.20	0.00	164.50		
2022.11.20	1 743.10	1 187.20	146.90	0.00	409.00		
2022.11.21	2 517.55	2 037.45	150.10	0.00	330.00		
2022.11.22	2 987.79	2 291.09	508.70	0.00	188.00		
2022.11.23	2 639.60	2 222.50	281.10	0.00	136.00		
2022.11.24	2 368.26	1 964.16	227.10	0.00	177.00		
2022.11.25	2 211.23	1 751.93	383.30	0.00	76.00		
2022.11.26	2 024.63	1 695.53	258.10	0.00	71.00		
2022.11.27	1 518.60	1 205.00	181.60	0.00	132.00		
2022.11.28	1 493.98	1 196.28	47.70	0.00	250.00		
2022.11.29	2 591.64	2 106.34	363.30	0.00	122.00		
2022.11.30	3 470.29	1 855.49	308.00	506.80	156.00	644.00	
汇总	85 173.15						

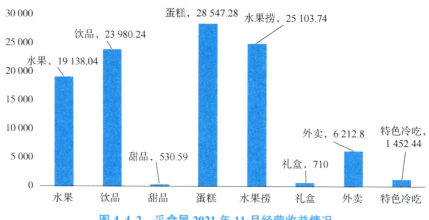

图 4.4.2　采食屋 2021 年 11 月经营收益情况

任务工作单 2

组号：_____　姓名：_____　学号：_____　检索号：　4427-2

引导问题：

对上面小微企业创业项目采食屋的收益结构和经营情况进行分析。

4.4.2.8 合作研学

任务工作单 1

组号：_____　姓名：_____　学号：_____　检索号：　4428-1

引导问题：

（1）小组交流讨论，教师参与，形成正确的采食屋项目收益结构和经营情况分析结论。

（2）记录自己存在的不足。

4.4.2.9 展示赏学

任务工作单 1

组号：_____　姓名：_____　学号：_____　检索号：　4429-1

引导问题：

（1）每小组推荐一位小组长，汇报小组项目收益组成表，借鉴每组经验，进一步优化采食屋项目收益结构和经营情况分析结论。

(2)检讨自己的不足。

4.4.2.10 评价反馈

任务工作单1

组号：_____ 姓名：_____ 学号：_____ 检索号：44210-1

个人自评表

班级		组名		日期	年 月 日
评价指标	评价内容			分数	分数评定
信息收集能力	能有效利用网络、图书资源查找有用的相关信息等；能将查到的信息有效地传递到学习中			10分	
感知课堂生活	是否熟悉收益组成分析的意义和作用；在学习中是否能获得满足感			10分	
参与态度，沟通能力	积极主动与教师、同学交流，相互尊重、理解、平等；与教师、同学之间是否能够保持多向、丰富、适宜的信息交流			10分	
	能处理好合作学习和独立思考的关系，做到有效学习；能提出有意义的问题或能发表个人见解			10分	
知识、能力获得	1. 能掌握收益结构分析的意义和原则			10分	
	2. 能掌握收益的组成要素			10分	
	3. 能进行收益结构分类和统计			10分	
	4. 从项目门店各项收益结构中分析经营状况			10分	
思维态度	是否能发现问题、提出问题、分析问题、解决问题、创新问题			10分	
自评反馈	按时按质完成任务；较好地掌握了知识点；具有较强的信息分析能力和理解能力；具有较为全面严谨的思维能力并能条理清楚明晰表达成文			10分	
自评分数					
有益的经验和做法					
总结反馈建议					

任务工作单 2

组号：_____ 姓名：_____ 学号：_____ 检索号：__44210-2__

小组内互评验收表

验收组长		组名		日期	年　月　日
组内验收成员					
任务要求	简述收益结构分析的意义和原则；说出收益的组成要素；进行收益结构分类和统计；从项目门店各项收益组成中分析经营状况				
验收文档清单	被验收者 4427-1 工作任务单 被验收者 4427-2 工作任务单 文献检索清单				
验收评分	评分标准			分数	得分
	简述收益组成分析的意义和原则，不足一处扣 5 分			20 分	
	能说出收益的组成要素，错误一处扣 5 分			20 分	
	能进行收益组成分类和统计，错误一处扣 5 分			25 分	
	能从项目门店各项收益组成中分析经营状况，不足一处扣 2 分			20 分	
	提供文献检索清单，少于 3 项，缺一项扣 5 分			15 分	
	评价分数				
不足之处					

任务工作单 3

被评组号：_____ 检索号：__44210-3__

小组间互评表

班级		评价小组		日期	年　月　日
评价指标	评价内容			分数	分数评定
汇报表述	表述准确			15 分	
	语言流畅			10 分	
	准确概括任务完成情况			15 分	
内容正确度	收益分类和统计准确无误			30 分	
	收益结构分析和结论有理有据			30 分	
	互评分数				
简要评述					

任务工作单 4

组号：_____ 姓名：_____ 学号：_____ 检索号：__44210-4__

任务完成情况评价表

任务名称	收益结构分析			总得分	
评价依据	学生完成的 4427-1、4427-2 任务工作单，完成的 4428-1、4429-1 任务工作单				
序号	任务内容及要求		配分	评分标准	教师评价
1	简述收益组成分析的意义和原则	（1）描述正确	10分	缺一个要点扣1分	结论 得分
		（2）语言表达流畅	10分	酌情赋分	
2	能说出收益的组成要素	（1）描述正确	10分	缺一个要点扣1分	
		（2）语言流畅	10分	酌情赋分	
3	进行收益组成分类和统计	（1）思路正确	10分	缺一个要点扣2分	
		（2）统计精确	10分	酌情赋分	
4	从项目门店各项收益组成中分析经营状况	（1）描述正确	10分	缺一个要点扣2分	
		（2）语言流畅	10分	酌情赋分	
5	至少包含3份文献的检索文献目录清单	（1）数量	5分	每少一个扣2分	
		（2）参考的主要内容要点	5分	酌情赋分	
6	素质素养评价	（1）沟通交流能力 （2）团队合作 （3）课堂纪律 （4）合作探学 （5）自主研学 （6）培养精益求精意识 （7）培养分析问题能力 （8）提升知行合一能力 （9）培养实事求是意识	10分	酌情赋分，但违反课堂纪律，不听从组长、教师安排不得分	

任务三　盈利分析

4.4.3.1 任务描述

对小微企业创业项目采食屋的收入和开支进行分析，评估其盈利状况，如表4.4.9所示。

表 4.4.9　采食屋 2022 年 11 月收入开支明细表

日期	营业额（收入）						货品采购（支出）						备注说明
	小计	收银机	微信	支付宝	趣点达	礼盒	小计	水果	果饮原材料	一次性用品	甜品蛋糕	其他	
2022.11.1	2 819.43	2 297.33	384.40	71.70	66.00		0						
2022.11.2	3 054.07	2 392.87	538.20	28.00	95.00		1 207.88	1 207.88					
2022.11.3	4 733.33	3 703.93	345.40	5.00	84.00	595.00	936.56	936.56					
2022.11.4	3 079.29	2 479.79	438.50	8.00	153.00		5 275.27	1 257.27	3 918.00			100.00	
2022.11.5	4 014.41	3 507.81	234.60	13.00	259.00		1 125.22	656.22	384.00	85.00			
2022.11.6	2 730.53	1 864.53	493.00	0.00	373.00		367.45	367.45					
2022.11.7	3 149.63	2 420.23	315.50	9.90	404.00		639.59	639.59					
2022.11.8	3 007.02	2 803.32	89.70	0.00	114.00		0						
2022.11.9	3 503.50	2 892.20	435.30	0.00	176.00		2 122.9	1 838.9				284.00	
2022.11.10	3 117.26	2 468.56	387.70	0.00	261.00		4 565.44	594.44	3 970.00				
2022.11.11	3 788.13	3 199.03	360.10	0.00	229.00		767.92	737.92				30.00	
2022.11.12	3 503.97	2 886.22	373.75	0.00	244.00		669.3	669.3					
2022.11.13	2 392.98	1 975.88	73.10	0.00	344.00		1 066.26	886.26		180.00			
2022.11.14	1 963.62	1 540.72	259.40	0.00	163.50		0						
2022.11.15	2 826.13	2 404.63	276.50	0.00	145.00		1 786.8	1 775.80				11.00	
2022.11.16	2 818.84	2 254.55	401.29	0.00	163.00		355.32	355.32					
2022.11.17	3 138.19	2 432.89	393.30	0.00	312.00		737	737.00					
2022.11.18	2 993.06	2 345.06	448.00	0.00	200.00		2 593.61	480.41				2 113.20	
2022.11.19	2 973.09	2 506.39	302.20	0.00	164.50		858.95	858.95					
2022.11.20	1 743.10	1 187.20	146.90	0.00	409.00		180.21	153.41				26.80	
2022.11.21	2 517.55	2 037.45	150.10	0.00	330.00		983.02	983.02					
2022.11.22	2 987.79	2 291.09	508.70	0.00	188.00		295.17	295.17					
2022.11.23	2 639.60	2 222.50	281.10	0.00	136.00		1 432	1 256.00		176.00			
2022.11.24	2 368.26	1 964.16	227.10	0.00	177.00		7 014	741.00	6 273.00				

续表

日期	营业额（收入）						货品采购（支出）						备注说明
	小计	收银机	微信	支付宝	趣点达	礼盒	小计	水果	果饮原材料	一次性用品	甜品蛋糕	其他	
2022.11.25	2 211.23	1 751.93	383.30	0.00	76.00		1 564	686.00	828.00			50.00	
2022.11.26	2 024.63	1 695.53	258.10	0.00	71.00		405.44	405.44					
2022.11.27	1 518.60	1 205.00	181.60	0.00	132.00		497.5	497.50					
2022.11.28	1 493.98	1 196.28	47.70	0.00	250.00		683	683.00					
2022.11.29	2 591.64	2 106.34	363.30	0.00	122.00		501.23	501.23					
2022.11.30	3 470.29	1 855.49	308.00	506.80	156.00	644.00	1 442.09	1 298.09				144.00	
							17 673					17 673.00	
汇总	85 173.15						57 745.13						

4.4.3.2 学习目标

1. 知识目标

（1）掌握盈利的含义及作用。
（2）掌握盈利分析的常用指标。

2. 能力目标

（1）能进行盈利分析常用指标的核算。
（2）能通过盈利情况评估项目盈利状况。

3. 素质素养目标

（1）培养全局观、大局观。
（2）培养规划意识。
（3）培养团队协作能力。
（4）培养忧患意识。

4.4.3.3 重难点

1. 重点

项目门店的盈利分析。

2. 难点

（1）盈利能力常用指标核算。
（2）评估项目盈利状况。

4.4.3.4 相关知识链接

1. 盈利分析的含义

盈利分析一般指盈利能力分析。盈利能力就是项目赚取利润的能力。

2. 盈利分析的作用

（1）有利于反映项目门店经营目标完成情况。
（2）有利于预测门店未来的发展规划。
（3）有利于对门店管理者工作的经营业绩考核。

3. 盈利分析的常用指标

反映盈利能力的指标很多，通常使用的主要有资产净利润率、资本收益率、销售净利率、销售毛利率等。

1）资产净利润率

资产净利润率又叫资产报酬率、投资报酬率或资产收益率，是企业在一定时期内的净利润和资产平均总额的比率，计算公式为：

$$资产报酬率=净利润÷资产平均总额×100\%$$

$$资产平均总额=（期初资产总额+期末资产总额）÷2$$

资产净利润率主要用来衡量企业利用资产获取利润的能力，反映了企业总资产的利用效率，表示企业每单位资产能获得净利润的数量，这一比率越高，说明企业全部资产的盈利能力越强。该指标与净利润率成正比，与资产平均总额成反比。

2）资本收益率

资本收益率又称资本利润率，是指企业净利润（即税后利润）与实收资本（或股本）的比率，用以反映企业运用资本获得收益的能力，也是财政部对企业经济效益的一项评价指标。资本收益率也是资产收益率。

$$资本收益率=净利润/实收资本（或股本）×100\%$$

资本收益率的内涵可分为实收资本收益率、自有资本收益率、总资本收益率、经营资本收益率、人力资本收益率。

资本收益率越高，说明企业自有投资的经济效益越好，投资者的风险越少，值得投资和继续投资。因此，它是投资者和潜在投资者进行投资决策的重要依据。对企业经营者来说，如果资本收益率高于债务资金成本率，则适度负债经营对投资者来说是有利的；反之，如果资本收益率低于债务资金成本率，则过高的负债经营就将损害投资者的利益。

3）销售净利率

销售净利率是指净利与销售收入的百分比，其计算公式为：

$$净利销售净利率=（净利/销售收入）×100\%$$

该指标反映每1元销售收入带来的净利润是多少，表示销售收入的收益水平。从销售净利率的指标关系看，净利额与销售净利率成正比关系，而销售收入额与销售净利率成反比关系。公司在增加销售收入额的同时，必须相应获得更多的净利润，才能使销售净利率保持不变或有所提高。通过分析销售净利率的升降变动，可以促使公司在扩大销售业务的同时，注意改进经营管理，提高盈利水平。

4）销售毛利率

销售毛利率是毛利占销售收入的百分比，其中毛利是销售收入与销售成本的差。其计算公式为：

$$销售毛利率=（销售收入-销售成本）/销售收入×100\%$$

销售毛利率表示每1元销售收入扣除销售成本后，有多少钱可以用于各项期间费用和形成盈利。销售毛利率是公司销售净利率的基础，没有足够大的毛利率便不能盈利。

4.4.3.5 素质素养养成

（1）在盈利状况分析中，一定注意，能够正确分析项目门店的主要盈利点和总的盈利点。

（2）引导学生，能够根据常用盈利能力指标进行项目的盈利能力和状况评估，正确认识项目门店的经营处境。

4.4.3.6 任务分组

学生任务分组表如表 4.4.10 所示。

表 4.4.10 学生任务分组表

班级			组号		指导教师	
组长			学号			
组员	姓名		学号	姓名		学号
任务分工						

4.4.3.7 自主探究

任务工作单 1

组号：＿＿＿＿　姓名：＿＿＿＿　学号：＿＿＿＿　检索号：＿4437-1＿

引导问题：

（1）查阅文献，简述盈利的含义及作用。

_____

_____

_____

（2）谈谈盈利分析的常用指标。

_____

_____

_____

项目视野：

下面以小微创业项目采食屋的 2022 年 11 月门店经营数据为例，如表 4.4.11 所示。

表 4.4.11 采食屋 2022 年 11 月收入开支明细表

日期	营业额（收入）						货品采购（支出）						备注说明
	小计	收银机	微信	支付宝	趣点达	礼盒	小计	水果	果饮原材料	一次性用品	甜品蛋糕	其他	
2022.11.1	2 819.43	2 297.33	384.40	71.70	66.00		0						
2022.11.2	3 054.07	2 391.87	538.20	28.00	95.00		1 207.88	1 207.88					
2022.11.3	4 733.33	3 703.93	345.40	5.00	84.00	595.00	936.56	936.56					
2022.11.4	3 079.29	2 479.79	438.50	8.00	153.00		5 275.27	1 257.27	3 918.00			100.00	
2022.11.5	4 014.41	3 507.81	234.60	13.00	259.00		1 125.22	656.22	384.00	85.00			
2022.11.6	2 730.53	1 864.53	493.00	0.00	373.00		367.45	367.45					
2022.11.7	3 149.63	2 420.23	315.00	9.90	404.50		639.59	639.59					
2022.11.8	3 007.02	2 803.32	89.70	0.00	114.00		0						
2022.11.9	3 503.50	2 892.20	435.30	0.00	176.00		2 122.9	1 838.9				284.00	
2022.11.10	3 117.26	2 468.56	387.70	0.00	261.00		4 564.44	594.44	3 970.00				
2022.11.11	3 788.13	3 199.03	360.10	0.00	229.00		767.92	737.92				30.00	
2022.11.12	3 503.97	2 886.22	373.75	0.00	244.00		669.3	669.3					
2022.11.13	2 392.98	1 975.88	73.10	0.00	344.00		1 066.26	886.26		180.00			
2022.11.14	1 963.62	1 540.72	259.40	0.00	163.50		0						
2022.11.15	2 826.13	2 404.63	276.50	0.00	145.00		1 786.8	1 775.80				11.00	
2022.11.16	2 818.84	2 254.55	401.29	0.00	163.00		355.32	355.32					
2022.11.17	3 138.19	2 432.89	393.30	0.00	312.00		737	737.00					
2022.11.18	2 993.06	2 345.06	448.00	0.00	200.00		2 593.61	480.41				2 113.20	
2022.11.19	2 973.06	2 506.39	302.20	0.00	164.50		858.95	858.95					
2022.11.20	1 743.10	1 187.20	146.90	0.00	409.00		180.21	153.41				26.80	
2022.11.21	2 517.55	2 037.45	150.10	0.00	330.00		983.02	983.02					
2022.11.22	2 987.79	2 291.09	508.70	0.00	188.00		295.17	295.17					
2022.11.23	2 639.60	2 222.50	281.10	0.00	136.00		1 432	1 256.00	176.00				
2022.11.24	2 368.26	1 964.16	227.10	0.00	177.00		7 014	741.00	6 273.00				
2022.11.25	2 211.23	1 751.93	383.30	0.00	76.00		1 564	686.00	828.00			50.00	
2022.11.26	2 024.63	1 695.53	258.10	0.00	71.00		405.44	405.44					
2022.11.27	1 518.60	1 205.00	181.60	0.00	132.00		497.5	497.50					
2022.11.28	1 493.98	1 196.28	47.70	0.00	250.00		683	683.00					
2022.11.29	2 591.64	2 106.34	363.30	0.00	122.00		501.23	501.23					
2022.11.30	3 470.29	1 855.49	308.00	506.80	156.00	644.00	1 442.09	1 298.09				144.00	
							17 673					17 673.00	
汇总	85 173.15						57 745.13						

任务工作单 2

组号：_____ 姓名：_____ 学号：_____ 检索号：__4437-2__

引导问题：

对小微企业创业项目采食屋的收入和开支进行分析，评估其盈利状况。

_____
_____
_____
_____

4.4.3.8 合作研学

任务工作单 1

组号：_____ 姓名：_____ 学号：_____ 检索号：__4438-1__

引导问题：

（1）小组交流讨论，教师参与，形成正确的采食屋盈利分析与评估结论。

_____
_____
_____
_____

（2）记录自己存在的不足。

_____
_____
_____

4.4.3.9 展示赏学

任务工作单 1

组号：_____ 姓名：_____ 学号：_____ 检索号：__4439-1__

引导问题：

（1）每小组推荐一位小组长，汇报小组项目经营数据表，借鉴每组经验，进一步优化采食屋的盈利分析与评估结论。

_____
_____
_____
_____

（2）检讨自己的不足。

_____
_____
_____

4.4.3.10 评价反馈

任务工作单 1

组号：_____ 姓名：_____ 学号：_____ 检索号：__44310-1__

个人自评表

班级		组名		日期	年 月 日
评价指标	评价内容			分数	分数评定
信息收集能力	能有效利用网络、图书资源查找有用的相关信息等；能将查到的信息有效地传递到学习中			10 分	
感知课堂生活	在学习中是否能获得满足感			10 分	
参与态度，沟通能力	积极主动与教师、同学交流，相互尊重、理解、平等；与教师、同学之间是否能够保持多向、丰富、适宜的信息交流			10 分	
	能处理好合作学习和独立思考的关系，做到有效学习；能提出有意义的问题或能发表个人见解			10 分	
知识、能力获得	1. 能掌握盈利的含义及作用			10 分	
	2. 能掌握盈利分析的常用指标			10 分	
	3. 能进行盈利分析常用指标的核算			10 分	
	4. 能通过盈利情况评估项目盈利状况			10 分	
思维态度	是否能发现问题、提出问题、分析问题、解决问题、创新问题			10 分	
自评反馈	按时按质完成任务；较好地掌握了知识点；具有较强的信息分析能力和理解能力；具有较为全面严谨的思维能力并能条理清楚明晰表达成文			10 分	
自评分数					
有益的经验和做法					
总结反馈建议					

任务工作单 2

组号：_____ 姓名：_____ 学号：_____ 检索号：__44310-2__

小组内互评验收表

验收组长		组名		日期	年 月 日
组内验收成员					
任务要求	简述盈利的含义及作用；谈谈盈利分析的常用指标；进行盈利分析常用指标的核算；通过盈利情况评估项目盈利状况				
验收文档清单	被验收者 4437-1 工作任务单				
	被验收者 4437-2 工作任务单				
	文献检索清单				

续表

	评分标准	分数	得分
验收评分	能简述盈利的含义及作用，错误一处扣5分	20分	
	能谈谈盈利分析的常用指标，错误一处扣5分	20分	
	进行盈利分析常用指标的核算，错误一处扣5分	25分	
	通过盈利情况评估项目盈利状况，不足一处扣2分	20分	
	提供文献检索清单，少于3项，缺一项扣5分	15分	
评价分数			
不足之处			

任务工作单3

被评组号：＿＿＿＿＿＿　　**检索号：** 44310-3

小组间互评表

班级		评价小组		日期	年　月　日
评价指标	评价内容			分数	分数评定
汇报表述	表述准确			15分	
	语言流畅			10分	
	准确概括任务完成情况			15分	
内容正确度	盈利指标核算准确无误			30分	
	盈利评估结论有理有据			30分	
互评分数					
简要评述					

任务工作单4

组号：＿＿＿＿　**姓名：**＿＿＿＿　**学号：**＿＿＿＿　**检索号：** 44310-4

任务完成情况评价表

任务名称	盈利分析			总得分	
评价依据	学生完成的4437-1、4437-2任务工作单，完成的4438-1、4439-1任务工作单				
序号	任务内容及要求		配分	评分标准	教师评价
					结论　得分
1	简述盈利的含义及作用	(1) 描述正确	10分	缺一个要点扣1分	
		(2) 语言表达流畅	10分	酌情赋分	

续表

序号	任务内容及要求		配分	评分标准	教师评价	
					结论	得分
2	能谈谈盈利分析的常用指标	（1）描述正确	10分	缺一个要点扣1分		
		（2）语言流畅	10分	酌情赋分		
3	能进行盈利分析常用指标的核算	（1）方法正确	10分	缺一个要点扣2分		
		（2）核算准确	10分	酌情赋分		
4	能通过盈利情况评估项目盈利状况	（1）描述正确	10分	缺一个要点扣2分		
		（2）语言流畅	10分	酌情赋分		
5	至少包含3份文献的检索文献目录清单	（1）数量	5分	每少一个扣2分		
		（2）参考的主要内容要点	5分	酌情赋分		
6	素质素养评价	（1）沟通交流能力 （2）团队合作 （3）课堂纪律 （4）合作探学 （5）自主研学 （6）培养全局观、大局观 （7）培养规划意识 （8）培养团队协作能力 （9）培养忧患意识	10分	酌情赋分，但违反课堂纪律，不听从组长、教师安排不得分		